映画と本の意外な関係!

町山智浩
Machiyama Tomohiro

JN230568

インターナショナル新書 005

目次

凡例
○本書で引用した詩および歌詞は、翻訳者名を明記したもの以外、著者による翻訳です。
○各映画作品の製作年は括弧内に記しています。

映画の本棚——まえがきにかえて

月曜日はアーサー・ミラーの本を焼く。火曜日はトルストイ、水曜日はウォルト・ホイットマン、金曜日はフォークナー、土日はショーペンハウアーとサルトル。本を灰にして、その灰も焼き尽くす。それが僕ら焚書官《ふんしょかん》のモットーだ。

（フランソワ・トリュフォー監督『華氏４５１』１９６６年）

誰かの家を訪ねると、本棚が気になるんです。失礼とは思いながらもじっくり見てしまう。蔵書から、その人の内側が垣間見えるから。「ああ、なるほど！」と納得したり、「えっ、そうだったの？」と驚いたり。だから、映画を観ていても、本が映ると「今の、何だった？」と気になってしまう。

たとえば、中島哲也監督の『渇き。』（２０１４年）。役所広司扮する堕落した元刑事が、失踪した女子高生の娘（小松菜奈）を捜すうちに、娘がある種の「怪物」だったと知ることになるミステリです。セックスとバイオレンスに満ちた地獄めぐりのような映画ですが、特に印象に残ったのは、娘の本棚に並んでいるシャーリイ・ジャクスンの『ずっとお城で暮らしてる』（1962年）でした。

他の家族が殺された屋敷に姉のコニーと暮らす十八歳の少女メアリの一人称で書かれたメルヘン調の小説で、町の住民たちはメアリを「魔女」だと噂《うわさ》していますが、ジャクスンの『たたり』（59年）や短編『魔性の恋人』と同じく、何が事実なのかわかりません。メアリは現実から自分を守るファンタジーの城を心に築いて閉じこもっているわけです。この本が映ることで、血みどろの『渇き。』は、残酷なおとぎ話のようにも見えてきます。

映画で画面に映る本には何らかの意味があるはずです。監督にインスピレーションを与えた本だったり、物語の謎を解く鍵が隠されていたり……。その本を知っている人にしか伝わらない、本の虫だけに向けられたウィンクのようなものだと思います。

スピルバーグと『都市と星』

高校生の頃、ぴあ主催の映画祭でスティーヴン・スピルバーグ監督の『アンブリン』

（68年）を観ました。彼が二十二歳の頃に自主製作した短編で、ひとりの少年がカリフォルニアの砂漠をヒッチハイクしながら、ぶらぶら旅（アンブリン）しています。これがどうも家出らしい。途中で同じような少女と出会い、初めてマリファナを吸い、初めてキスして、初体験もします。でも、少年は家出の理由を語りません。そもそも、この映画にセリフはないんです。少年はギターケースを背負っていますが、決してフタを開けないし。ふたりの旅は太平洋にぶつかって終わります。初めて海を見たらしい少年が波打ち際ではしゃいでいるうちに、少女はギターケースを開けます。そこにはスーツ一式とペーパーバックが一冊。アーサー・C・クラークのSF小説『都市と星』（56年）でした。

『都市と星』の舞台は十億年後の未来都市ダイアスパー。そこでは、超高度に進んだ科学によって、病も老いも死すらも遠い過去のものです。すべての人が若く美しく、欲しいものは何でも物質化させられる。貧困や飢えもない。悲しみも欲望もない。満ち足りているから、誰もそこを出ようとしない。そこにアルヴィンという少年が生まれます。彼は他の誰とも違っていて、この完璧な都市の外に出たいと思い始めます。ただ、外に何があるのか知りたくて——。

クラークは『２００１年宇宙の旅』など近未来のテクノロジーをリアルに描いたハード

ＳＦで知られていますが、『都市と星』は詩的で幻想的で、青春小説のような筆致で書かれています。

スピルバーグもアルヴィンのように他とは違う子どもでした。難読症《なんどくしょう》で、成績も悪く、体も小さいのでイジメにあって不登校になり、家庭では両親の離婚に苦しみました。でもＳＦ小説だけは読めたそうです。宇宙や怪獣のファンタジーだけが彼の逃げ場でした。『都市と星』は思春期の筆者にとっても愛読書でした。だから『アンブリン』のラストで、家出した少年の、いや、スピルバーグの想いが突き刺さりました。彼にとって『都市と星』は世界に踏み出していくチケットだったのです。

青春ホラーとドストエフスキー『白痴』

２０１５年に全米で大ヒットした低予算ホラー映画『イット・フォローズ』（デヴィッド・ロバート・ミッチェル監督、14年）でも一冊の本が鍵になっていました。

ヒロインはセックスをした相手から「イット（それ）」を感染《うつ》され、「イットはゆっくりだが、確実に君をつかまえる」と脅されます。その日から、幽霊のような人間が近づいてくるのが見えるようになり、誰かに感染させない限り、その恐怖は続くと言われます。

イットの正体は最後まで明かされません。でも、ヒロインの友人のメガネ少女がいつも読んでいる電子書籍に注目してください。それはドストエフスキーの小説『白痴』（1868〜9年）で、彼女は次の一節を朗読します。

> （前略）一番強烈な苦痛というのは、おそらく傷そのものの苦痛ではなくて、確実に予知することなのです。つまりあと一時間たったら、次にはあと十分たったら、それからあと三十秒たったら、それからもうすぐ、そしてまさに今、魂が体から飛び出して、もはや人間でなくなってしまうのだと、しかも確実にそうなるだろうと知ることなのです。肝心なのはこの確実にという点です。こう頭を刃の真下に差し出して、刃がするすると頭上に落下してくる音を聞いている、まさにその四分の一秒間が何にも増して恐ろしいのですよ。
>
> （ドストエフスキー著、望月哲男訳『白痴1』河出文庫）

これはドストエフスキー自身が二十代の頃、実際に皇帝への反逆罪で処刑されそうになった体験に基づいています。銃殺前に助かったものの、この極限体験から彼の実存主義的文学は生まれました。たとえ死刑にならなくても人はいつか必ず死にます。つまり、イットとは死そのものだったのです。ただ、その恐怖を遠ざける方法もないわけではありません。たとえば恋のよろこびやセックスの快楽で一時的に死を忘れることができます。でも、それすら長くは続きません。

『イット・フォローズ』では、ヒロインの幼なじみの少年ポールが、彼女への愛のために命を捨てようとします。『白痴』を読むメガネ少女は「この本はポールのことよ」と言います。『白痴』のヒロイン、ナスターシヤは傲慢な金持ち男のロゴージンに迫られますが、純粋無垢《むく》な青年ムィシキンは無私の愛を彼女に捧げ続けます。『イット・フォローズ』は最後に、愛こそが最も長く死の恐怖に耐える力だと暗示して終わります。他のティーン向けホラーとは異質の感動を残す秘密は、一冊の本に隠されていたのです。

『インターステラー』の五次元の図書館

一冊どころでは済まないのがクリストファー・ノーラン監督の『インターステラー』（14年）です。なにしろ本棚の移動ショットで始まるんですから。

並んだ本の背表紙のなかにマーティン・エイミスの小説『時の矢――あるいは罪の性質』（91年）が見えます。「時の矢」とは、過去から未来に向かってしか進まない時間の性質を意味する言葉ですが、この本は主人公の死から誕生まで時間を逆にたどっていきます。そして彼がナチス時代にアウシュヴィッツ収容所で生体実験を手伝った罪が暴かれます。そう、ノーランの出世作『メメント』(00年)は時間をさかのぼるミステリでしたが、この本から発想したのでしょう。

『インターステラー』の本棚の持ち主は、主人公クーパー(マシュー・マコノヒー)の娘マーフ(ジェシカ・チャステイン)です。クーパーは環境破壊によって絶滅寸前の地球から移住できる惑星を探す宇宙飛行士で、マーフは後に宇宙物理学者になる天才少女です。だから蔵書も普通の子どもとはかなり違うのですが、この本棚は同時にノーラン自身のコレクションでもあって、彼のアイデアのカタログになっています。

まず、マデレイン・レングルの『五次元世界のぼうけん』(63年)。原題は「A Wrinkle Time(時のしわ)」。つまりワープ(時空を歪《ゆが》めること)です。テッセラクト(四次元超立方体)の研究中に行方不明になった物理学者の父を捜して時空を超えていく娘の冒険物語ですから、これが『インターステラー』の原型でしょう。クーパーはワープによって別の恒星系に飛び、さらに五次元に迷い込みますが、ノーランはそれを、三次元の時空を閉じ込めたテッセラクトが永遠に連結した世界として表現しています。

ホルヘ・ルイス・ボルヘスの短編集も見えます。クーパーが迷い込んだ五次元空間は、マーフの本棚が上下左右に連結されて無限に続く図書館のように見えます。まさにボルヘスが想像した「バベルの図書館」です。また、ボルヘスの短編「円環の廃墟」（40年）は、ひとりの男を夢で創造しようとする男の話ですが、最後に彼自身もまた誰かの夢の登場人物にすぎないと知ることになります。これが映画『インセプション』（10年）の発想の基になったとノーランは言っています。『インセプション』は産業スパイが他人の夢に侵入して密かに別の考えをインセプション（移植）するのですが、夢の中でさらに夢を見るので、何が現実で何が夢かわからなくなります。

L・P・ハートリーの『恋を覗く少年』（53年）もあります。初恋の女性のために恋のメッセンジャーになった少年時代の回想で、ジョセフ・ロージイ監督『恋』（71年）の原作でもあります。ノーランはインタビューで「この本は書き出しが最高だ」と言っています。「過去はひとつの異国である」という言葉です。『インターステラー』のクライマックスでは、クーパーが五次元から過去のマーフにメッセージを伝えようとします。本棚を使って。

なぜ本を使うのでしょう？　『インターステラー』にはパソコンも携帯もインターネットも登場しないのです。

「インターネットは好きじゃない」。ノーランは筆者のインタビューでそう答えました。「ネットのせいでみんな本を読まなくなった。書物は知識の歴史的な大系だ。ネットのつまみ食いの知識ではコンテクストが失われてしまう。だから『インターステラー』では、父が娘に思いを伝える道具に本棚を使ったんだ」

テネンバウム家のフラニーとゾーイー

キリがないのでこのへんでノーランの本棚漁《あさ》りはやめておきますが、本好きにかけてはウェス・アンダーソン監督も負けていません。彼の映画には主人公が読書するシーンが繰り返し出てきます。特に『ザ・ロイヤル・テネンバウムズ』（01年）は、登場人物の大半に著作があるという異常にブッキッシュな映画です。

冒頭、図書館で誰かが『ロイヤル・テネンバウムズ』という本を借りて、ページを開いて読み始めると、それが映像になります。この架空の本は、J・D・サリンジャーが書いたグラース一家についての連作をモデルにしています。

私がこれからご披露致そうとしておる所のものは、実は短編小説などと申すものでは

全然ないのであって、散文で書かれた一家の記録映画、まあそういったものなのであるが（後略）
（J・D・サリンジャー著、野崎孝訳『フラニーとゾーイー』新潮文庫　以下同）

サリンジャーの『フラニーとゾーイー』に収録された「ゾーイー」（1957年初出）で、グラース家の次男バディはそう挨拶します。〝小説ではなく映画だ〟と。「なら、本当に映画にしよう」とアンダーソンは思ったのでしょう。ところが、サリンジャー自身は決して自分の小説の映画化を許可しませんでした。そこでアンダーソンはテネンバウム一家の話を作ったわけです。テネンバウムという姓は、サリンジャーの短編集『ナイン・ストーリーズ』収録の「小舟のほとりで」のヒロイン、ブーブーの結婚してからの姓です。彼女はグラース家の長女です。つまり『ザ・ロイヤル・テネンバウムズ』はサリンジャー非公認のグラース・サーガなのです。

グラース家の五男ゾーイーと次女フラニーは美形で天才ですが、テネンバウム兄弟も天才ぞろいで、長男チャス（ベン・スティラー）は数学、次男リッチー（ルーク・ウィルソン）はテニス、養女のマーゴ（グウィネス・パルトロウ）は脚本で小学生の頃から才能を発揮して富と名声を得ています。

『ザ・ロイヤル・テネンバウムズ』(2001年／アメリカ)　自分の部屋でユージン・オニールの戯曲『氷屋来る』を読むテネンバウム家の養女マーゴ。

だが、マーゴは人間に絶望しています。いろんな男に愛されてきましたが彼女を癒せる者はいませんでした。彼女の絶望の度合いも、読んでいる本でわかります。ユージン・オニールの『氷屋《こおりや》来《きた》る』（1946年初演）。それはマクシム・ゴーリキーの『どん底』に影響を受けたといわれる戯曲で、舞台は人生の落伍《らくご》者《しゃ》ばかりが集まる酒場です。酒に逃避する彼らをひとりの男が叱責し、励まし、「現実に立ち向かえ。やればできる」と外に送り出しますが……。『氷屋来る』はアメリカン・ドリームを打ち砕く絶望的な劇です。

そんな孤独なマーゴを次男リッチーは愛しています。血はつながっていないが兄妹ですから許されない愛です。哀しみのリッチーはヨットで世界を放浪し続け、十八年後にマーゴと再会します。毛皮のコートを着たマーゴがバスを降りて近づいてくる姿は、リッチーにはスローモーションに見えます。それは短編「フラニー」（１９５５年初出）でフラニーが汽車から降りてくる描写の映像化です。

フラニーは、真っ先に列車を降りた娘たちの中にまじっていた。（中略）彼女は、毛あしを短く切ったあらい熊の外套を着ていたが（後略）

マーゴを演じるグウィネス・パルトロウは目の下に黒いアイラインを引いていますが、これも「ゾーイー」における描写の再現です。

目の下には半月型の隈《くま》ができ、ほかにも若い娘の懊悩《おうのう》を語るものがどことなく微妙な影を落している（後略）

かなわぬ愛に疲れたリッチーは、洗面台でキリストばりに伸びた髭《ひげ》を剃《そ》ってから自殺をはかります。これもゾーイーが母親と口論しながら髭を剃る描写に基づいていますが、

『バナナフィッシュにうってつけの日』（48年初出）で自殺したグラース家の長男シーモアもダブってきます。シーモアの自殺の理由は書かれていませんが、サリンジャー自身が第二次世界大戦で受けた心の傷が重ねられているといわれています。

『グランド・ブダペスト・ホテル』は『昨日の世界』

アンダーソンの映画は絵本や砂糖菓子のようにカラフルで、キュートでポップです。でも、その奥には静かな絶望や孤独が隠れています

『グランド・ブダペスト・ホテル』（13年）もアンダーソンがひとりの作家に捧げたオマージュで、最後に「シュテファン・ツヴァイクの著作にインスパイアされた」という字幕が出ます。

ツヴァイクは第二次世界大戦前のウィーンの作家です。1969年テキサス生まれのアンダーソンは、パリの古本屋で偶然手にとった『心の焦燥』（39年）でツヴァイクを知り、作品を読み漁って、『グランド・ブダペスト・ホテル』へとまとめました。グランド・ブダペスト・ホテルは、田舎町の郵便局で働く独身女性が富豪の令嬢に変身する『郵便局の娘（邦題『変身の魅惑』）』の舞台となるスイスの高級ホテルから、ジゴロなムッシュ・グスタヴ（レイフ・ファインズ）は、『燃える秘密』で少年の母親を魅了する伯爵のキャラクター

から、顔にあざのある美少女アガサ（シアーシャ・ローナン）は、『心の焦燥』で士官との恋に破れる脚に重い障害のあるヒロインから……。

アンダーソンらしい楽しいドタバタの後、突然、グスタヴに悲劇が訪れます。ファシズムがヨーロッパを席巻したからです。この結末にはツヴァイクの自伝『昨日の世界』（42年）が重ねられています。

グランド・ブダペスト・ホテルは、差別のない国際都市だった世紀末ウィーンを象徴しています。ユダヤ人のツヴァイクは『昨日の世界』に「ようやくウィーンに安息の地を得た」と書いています。しかし、ナチスが政権を取った五年後の1938年にオーストリアは併合され、ツヴァイクの祖国は消滅し、ユダヤ人は収容所に送られ、ツヴァイクの本は焚書にされました。ツヴァイクは亡命先のブラジルで、滅び去った理想の時代を懐かしむ『昨日の世界』を書き上げた直後に服毒自殺しました。

『グランド・ブダペスト・ホテル』は、ヴィム・ヴェンダース監督『ベルリン・天使の詩』（87年）を思い出させます。

ベルリンの「新しい天使」

『ベルリン・天使の詩』は、人間の女性に恋した天使ダミエル（ブルーノ・ガンツ）が人間になるラブ・ストーリーとして世界的にヒットしました。でも、実は本当の主役は、図書館にいるホメーロス（クルト・ボイス）という老人です。彼が机で本を読む姿は、ある写真を基にしています。パリ国立図書館で本を読む、ドイツの思想家ヴァルター・ベンヤミンの写真です。

図書館でベンヤミンの研究書を読む女性の心の声が、天使の耳を通して観客に聴こえます。

「1921年、ベンヤミンはパウル・クレーが描いた『新しい天使』という水彩画を買った。ベンヤミンの遺稿『歴史の概念について』で彼は『新しい天使』を、歴史を振り返る寓意として解釈している」

ベンヤミンは「歴史の概念について」（40年）で『新しい天使』をこう描写しています。

彼はその顔を過去に向けている。われわれには出来事の連鎖と見えるところに、彼はただ一つの破局《カタストロフィー》を見る。その破局は、次から次へと絶え間なく瓦礫を積み重ね、それらの瓦礫を彼の足元に投げる。彼はおそらくそこにしばしとどまり、死者を呼び

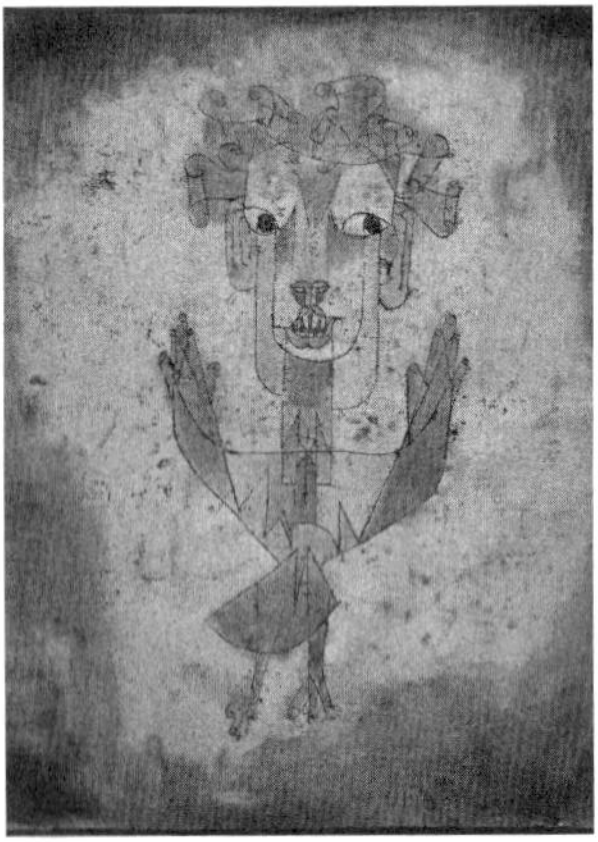

（上）『ベルリン・天使の詩』（1987年／西ドイツ／フランス）
（右下）ヴァルター・ベンヤミン（1892 ～1940年）
（左下）『新しい天使（Angelus Novus）』パウル・クレー　1920年　31.8×24.2㎝　厚紙の上に油彩転写、水彩　イスラエル博物館（エルサレム）

覚まし、打ち砕かれたものをつなぎ合わせたいと思っているのだろう。

（ヴァルター・ベンヤミン著、山口裕之編訳「歴史の概念について」
『ベンヤミン・アンソロジー』河出文庫）

ベンヤミンは「歴史の概念について」で、進歩ばかりを重視するヘーゲルやマルクスの歴史観を勝者の歴史だと批判し、滅んでいった敗者たちを記録する歴史が必要だと訴えます。ベンヤミンはこれを1940年にパリ国立図書館で書きました。ユダヤ人である彼はナチスに支配された祖国ドイツに帰れなかったのです。当時、ナチスは破竹の勢いでヨーロッパを征服しつつありました。だからベンヤミンがいう歴史から抹殺されていく敗者とは絶滅寸前のユダヤ人を意味しているのです。

ナチスはベンヤミンの著書も焚書にしました。ベンヤミンは「歴史の概念について」を書いてすぐ、パリ陥落《かんらく》にともない、アメリカに亡命するためにスペインに逃げ込みましたが、フランコ政権に入国を拒否され、服毒自殺しました。ツヴァイクと同じく。

『ベルリン・天使の詩』の天使たちはまったく無力で、死にゆく人々をただ見ているだけです。ただ、彼らの声を聴き、決して忘れません。彼らはベンヤミンが夢見た「新しい天使」なのです。

最後に、ホメーロスは、ベルリンを東西に分ける壁に向かって歩いていきます。瓦礫《がれき》を踏みしめながら。そこには、ベンヤミンが子ども時代を過ごしたポツダム広場があったのです。『ベルリン・天使の詩』公開の二年後、東西ベルリンの市民が壁に殺到し、それを打ち砕きました。ポツダム広場も蘇りました。

『ベルリン・天使の詩』はアメリカでロサンジェルスを舞台に『シティ・オブ・エンジェル』(98年)のタイトルでリメイクされましたが、ベンヤミンの要素は丸ごと削ぎ落とされました。『グランド・ブダペスト・ホテル』の日本公開時にはツヴァイクについての字幕に日本語訳が付けられませんでした。映画を観るのに余計な情報は要らないという人も多いですが、この二本の映画は、二人の作家の遺稿を読んでから観ると痛烈に胸に迫るはずです。

そんな風に本好きの視点から映画を観ていくと面白いかと思い、言葉と映画の関係をさぐってみました。お楽しみください。


どの本の背後にも、人間が隠されている。僕はそれを知りたいんだ。 (『華氏451』)

第1章

信じて跳べ

Take a leap of faith.

『世にも怪奇な物語』
1967年、フランス／イタリア
監督 ロジェ・ヴァディム、ルイ・マル、
フェデリコ・フェリーニ
原案 エドガー・アラン・ポー

『インセプション』とキェルケゴール

クリストファー・ノーラン監督の『インセプション』（10年）で、妻モル（マリオン・コティヤール）が、夫コブ（レオナルド・ディカプリオ）に呼びかける。「Take a leap of faith（信じて跳びなさい）」と。

妻は、この世界は現実ではなく夢なのだと信じている。夢から目覚めるには夢の中で死ねばいい。だからビルから飛び降りようと夫を誘う。そのときに彼女が言う「リープ・オブ・フェイス」を訳せば「信頼の飛躍」「忠誠の飛躍」「信心の飛躍」。妻は「私を本当に愛しているなら、ここから跳びなさい」と夫に迫るのだ。

「リープ・オブ・フェイス」は19世紀のデンマークの哲学者セーレン・キェルケゴールの思想に基づいている。キェルケゴール自身はその言葉を使っていないが、著作の中で数々の「飛躍」について書いている。たとえば旧約聖書『創世記』のアダムとイヴ。妻イヴから智恵の実を食べるように言われた夫アダムはそれが神から禁じられていることを知りつつも、妻の求めに従った。妻の言葉に賭けて人類の命運を賭けて「飛躍」したのだ。

しかしコブにはできない。「これは現実ではない」という妻の考えは、実は彼がインセプション（他人に概念を植え付けること）したものだから。飛び降りたら死ぬだけだろう。そうしたらふたりの子どもはどうなるのだ。ためらっているうちに妻は落ちて死んでしまう。妻の死への罪悪感はコブを支配し、彼の夢には必ず妻が登場して彼を苦しめる。

キェルケゴールは『創世記』からもうひとつの「飛躍」の例を挙げる。アブラハムは神から息子イサクの命を捧げるよう命じられる。激しい苦悩と葛藤の末、アブラハムは愛する息子を殺そうとするが、その直前に神から「お前の忠誠はわかったから、その子を殺すな」と救われる。

宗教は不条理や非合理に満ちている。理性と論理で考えたら信じるのは難しい。しかしキェルケゴールは「不条理ゆえに我信ず」と言い切り、信仰に飛び込むと決意した。彼は実際に愛する婚約者を捨てて生涯を神の哲学に捧げた。

「リープ・オブ・フェイス」は盲信（Blind faith）を正当化する考えとして批判される一方、最初の実存主義的な宣言ともされている。キェルケゴールはたまたまキリスト教徒として信仰を選んだが、そうでない人間にとっても論理を超えて飛躍すべき瞬間はあるはずだと。考えているばかりでは何も始まらない。イチかバチかで行動しなければ人は変われない。

ハリウッド映画の中でも「リープ・オブ・フェイス」はドラマの大事な転機に象徴的に描かれる。たとえば『インセプション』が多くのアイデアを得た『マトリックス』（ラリー

&アンディ・ウォシャウスキー監督、99年）でも「飛躍」は重要なポイントになる。主人公ネオ（キアヌ・リーブス）はモーフィアス（ローレンス・フィッシュバーン）から「この世界は現実ではなく、マトリックスというバーチャル・リアリティだ」と教えられる。モーフィアスは「現実ではないと信じれば何でも可能だ」と高層ビルの屋上から別のビルの屋上へとジャンプして見せる。ネオもやってみるが真っ逆さまに墜落してしまう。信心が足りないからだ。

パニック映画の古典『ポセイドン・アドベンチャー』（ロナルド・ニーム監督、72年）。津波で転覆し、上下逆さまになった豪華客船で、乗務員は乗客にパーティルームに残って救助隊を待てと言う。これに反論するのが牧師（ジーン・ハックマン）。彼は「神は座して運命を待つ者より、自ら助くる者を助く」と、浸水する前に上、つまり船底のスクリュー目指して登ろうと主張する。

牧師が正しいかどうか何の保証もないが、パメラ・スー・マーティン演じる女子高生は彼に従う。彼女は床に固定されたテーブル（転覆後は天井にある）に取り残されたが、牧師が広げたテーブルクロスに飛び降りて助かった。「リープ・オブ・フェイス」をした以上、もう迷いはない。

「パスカルの賭け」

恋愛にも飛躍は必要だ。ラブ・コメディ『寝取られ男のラブ♂バカンス』（ニコラス・ストーラー監督、08年）は、同棲相手のテレビ女優をロック・スターに寝取られた作曲家（ジェイソン・シーゲル）が主人公。彼は傷心を癒すためにひとり、南国のリゾート・ホテルにやってくるが、同じホテルに自分を捨てた元カノとロック・スターが泊っていた！　ホテルの可愛いコンシェルジュ、レイチェル（ミラ・クニス）が主人公を好きになっても、彼はいつまでも元カノのことがふっきれず、レイチェルとの恋を本格的に始められない。優柔不断な彼に苛立ったレイチェルは突然、断崖絶壁から海に飛び込み、「あなたも来て！」と呼ぶ。彼はオロオロするうちに海に落ちてしまうが、そのとき、新しい愛に飛び込んだのだ。

「リープ・オブ・フェイス」と似た言葉に「パスカルの賭け」がある。17世紀のフランスの哲学者ブレーズ・パスカルが言い出したことで、「理性によっては神の実在は証明できない。しかし、神が実在することに賭けても人は何も失うことはない。それで生きる目的ができるなら、神の実在に賭けたほうがいい」という考えだ。

ヌーヴェル・ヴァーグの監督エリック・ロメールの『モード家の一夜』（69年）の主人公

（ジャン＝ルイ・トランティニャン）は「パスカルの賭け」について考えている。彼の心は、敬虔なカトリックの女性フランソワーズと、無神論者で自由奔放な女医モードとの間で揺れ動くが、最後にある決断をする。

人が論理や確証を超えてある決断をするのは、言い換えると自分の直観に賭けることでもある。しかし直観とは何か。イマヌエル・カントは、人間には理性では説明できない認識、経験に先立つ先天的な認識があると考えた。その考えは超越論と呼ばれ、19世紀、近代合理主義への反発もあって流行した。アメリカの作家エドガー・アラン・ポーは神秘主義的な詩や小説を書く一方で超越論に反発し、それを批判して「悪魔に首を賭けるな」という短編を書いた。その映画化が、オムニバス映画『世にも怪奇な物語』（67年）の第三話、フェデリコ・フェリーニ監督の「悪魔の首飾り」である。

イギリスの俳優ダミット（テレンス・スタンプ）がイタリアにやってきた。マカロニウェスタンに出るためだ。当時、クリント・イーストウッドはじめ英米の俳優たちは彼のようにイタリアに出稼ぎしていた。ダミットは落ち目だが、神をも恐れぬ傲慢な男だ。酒に酔った彼はギャラ代わりにもらった真っ赤なフェラーリのオープンカーに乗って真夜中の高速道路に飛び出し、工事で道路が途切れた場所まで突っ走る。そこで手鞠《てまり》をつく少女に出会う。彼女は悪魔だった。ダミットは悪魔と賭けをする。途切れた高速道路を車でジャンプして反対側に着地できるかどうか。

見事にジャンプに成功する。ただ、ダミットには途切れた部分に水平に張られたワイヤーは見えなかった。この映画を観た後では怖くてオープンカーに乗れなくなる。

人生には自分を信じて飛躍すべき瞬間が何度かある。ただ、賭けである以上、負けることもあるのをお忘れなく。

第2章

金は眠らない

Money Never Sleeps

『ウォール・ストリート』
2010年、アメリカ
監督 オリバー・ストーン
脚本 アラン・ローブ

「強欲は美徳」

「Money Never Sleeps（金は眠らない）」。それがオリバー・ストーン監督の『ウォール・ストリート』（２０１０年）の副題だ。

これは、ストーンが１９８７年に作った『ウォール街（原題：WALL STREET）』の二十三年ぶりの続編。「金は眠らない」という言葉は、マイケル・ダグラス扮する投資家ゴードン・ゲッコーが一作目で若き証券マン、バド・フォックス（チャーリー・シーン）を電話で起こすときのセリフだ。

オリバー・ストーンの映画は名セリフに満ちている。たとえば、脚本を担当した『スカーフェイス』（83年）。貧困のどん底から麻薬王へとのし上がったキューバ難民トニー・モンタナ（アル・パチーノ）が泥酔し、高級レストランの客たちに向かってこんな「演説」をぶつ。

「貴様らにはおれのような悪役が必要なんだ。だが、お前らの何が善良なんだ？ お前らは猫っかぶりで嘘つきなだけだ。おれは違う。いつだって真実を語る。たとえ嘘をつくときでも！」

『スカーフェイス』にはシェイクスピアの『リチャード三世』が重ねられている。醜い姿に生まれたリチャード三世は「いっそのこと敵役になって、世間のくだらぬ快楽を呪ってくれよう」と悪役宣言するのだ。

『ナチュラル・ボーン・キラーズ』(94年)はクエンティン・タランティーノの原案だが、オリバー・ストーンが脚本に彼らしいセリフを書き加えている。無差別連続殺人犯ミッキー(ウディ・ハレルソン)がテレビレポーターに対して「君と私は生物として同じ種ですらない」と語る。「私はかつて君と同じだったが、進化したのだ。私から見れば君はサルにすぎない」


もちろんニーチェの『ツァラトゥストラはかく語りき』の引用だ。田舎の貧しい無学なならず者ミッキーがニーチェを語るのはリアルではないが、これが、幼い頃からギリシア神話やシェイクスピアや古今東西の文学に親しんだストーンの文体なのだ。そしてゴードン・ゲッコーは、ウォール街のリチャード三世だ。

『ウォール街』の舞台は80年代証券バブル真っ只中、仕事も人生も新米の若者バドは悪名高いゲッコーに心酔し、弟子入りする。

「いいか、アメリカの人口のトップ1パーセントの富裕層がこの国の富の半分を独占している。五兆ドルだ。彼らの三分の一は努力によって財を成したが、残りの連中はただ親の財産を引き継いだだけだ。利子が利子を生んで未亡人とバカ息子たちの金はどんどん増えていく。九割のアメリカ人はほとんど資産なんか持っていない。君も、アメリカが民主主義の国だなんて本気で信じるほどガキじゃないだろう？　ここは自由市場なんだ。君もその一部だ。狩猟本能を蘇らせろ。君は山ほど勉強する必要がありそうだ」

「どんな戦いでも戦いの前に勝敗は決まっている。『孫子』の兵法を読みたまえ」と語るゲッコーは中国の老師のように、短く強烈な言葉を若き弟子に与えていく。

「金にならないことは、するに値しない」

「金儲けはセックスより気持ちいい」

「私自身はダーツを投げない。賭けるだけだ」

「最も価値ある商品とは情報だ」

「友人なんかいらない。犬で充分だ」

最も有名な言葉は、これだろう。

「強欲は美徳だ。強欲は正しく、役に立つ。強欲は物事を明確にし、道を切り開く。強欲は進化のエッセンスだ。金への強欲、愛への強欲、知識への強欲、その他あらゆる形の強欲が、人類の繁栄を築いてきた」

ゲッコーの思想は、ニーチェの「善とは権力への意志であり、悪とはすべての弱いものだ」という考えを、社会的ダーウィニズム、および新自由主義と結びつけたものだ。

新自由主義は、80年代、イギリスのサッチャー首相とアメリカのレーガン大統領によって、自由市場競争の活性化のために採用された。特にレーガンによって財務長官に任命された元メリル・リンチ会長のドナルド・リーガンは証券取引を大幅に自由化し、株式ブームを起こした。その結果、アメリカの主要産業は製造業から金融へとシフトした。「私は何も作らない。所有するだけだ」と豪語するゲッコーはまさに証券バブル時代を象徴していた。

ウォール街のプロスペロー

『ウォール街』にはニーチェを引用する人物がもうひとり登場する。バドの上司ルー・マンハイム（ハル・ホルブルック）だ。ゲッコーに弟子入りしたバドに彼は警告する。

「深淵をのぞき込むとき、最初は何も見えない。だが次の瞬間、人はそこに自分自身を見る。それが深淵に架けられた最後の綱だ」

この言葉の基になったニーチェの『善悪の彼岸』ではこうだ。

　怪物と戦う者は、その過程で自分自身も怪物になることのないよう気をつけたまえ。
　深淵をのぞくとき、深淵もまたこちらをのぞいているのだ。

深淵とは人の心の闇。ゲッコーはそれに呑《の》み込まれて怪物になってしまった。バドは闇に落ちる一歩手前で、貧しくも地道に生きてきた父親（マーティン・シーン）によって目覚め、ゲッコーのインサイダー取引の証拠となる会話のテープを押さえ、ゲッコーは逮捕される。

『ウォール・ストリート』はゲッコーの出所から始まる。刑務所を出た彼を誰も迎えに来ない。

舞台は２００８年金融崩壊の直前。前作から二十年ほどの間に貧富の格差はさらに広がり、アメリカの製造業はほとんど壊滅、貿易赤字と財政赤字は史上最大に膨れ上がった。にもかかわらずウォール街はまたしてもバブルの頂点にあった。ヘッジファンドにデリバティブ、素人には理解不能な金融商品を扱うエリートたちはレバレッジで自己資金の何倍もの他人の金で博打をする。企業や組合は年金運営にサブプライム・ローンがらみのC

DO（債務担保証券）をよくわからないまま売りつけられる。

「今のウォール街を見ると、私のやったインサイダー取引など駐車違反みたいに思えるよ」

ゲッコーは浦島太郎気分に打ちのめされながらも、自分をスケープゴートにしたウォール街に復讐《ふくしゅう》を始める。再び証券界の重鎮に返り咲いてやる、と。

ゲッコーは、若き証券マン、ジェイク（シャイア・ラブーフ）の師匠になる。ただ、今回成長するのはジェイクではなくゲッコーだ。

ジェイクはゲッコーの娘と婚約している。しかし復讐に取りつかれたゲッコーは身内さえ裏切ってしまう。ゲッコーはやはりゲッコーだった……。2010年にカンヌ映画祭で初上映されたバージョンはそんな結末だった。しかし観客に不評だったため、オリバー・ストーンは急遽《きゅうきょ》、ゲッコーが罪を贖《あがな》い、娘夫婦と和解するハッピーエンドに作り替えた。

その改変はまるでシェイクスピアの『テンペスト』（1612年頃初演）だ。策謀によってミラノ大公の座を追われ、島流しにされたプロスペローは血の復讐を誓うが、娘と若者の純粋な愛を見て改心し、娘夫婦の結婚を祝福して、観客に許しを乞う。

プロスペローが育てた島の「怪物」キャリバンにあたるのは崩壊まで暴走した金融業界全体だ。今回の撮影には本物の証券マンたちが協力し、出演しているが、ラブーフによると、ゲッコーに憧れて金融界に入った者が実に多いそうだ。悪役なのに！

「私はかつて、『強欲は美徳だ』と言って顰蹙《ひんしゅく》を買った」、ゲッコーは言う。「しかし今のウォール街を見ると、強欲は合法になったらしい」

ゲッコーは獄につながれ、贖罪《しょくざい》した。だが、サブプライム・ローンで金融崩壊を起こした証券マンたちはひとりも罰を受けていない。

第3章

本当の根性

True Grit

『トゥルー・グリット』

2010年、アメリカ

監督 ジョエル・コーエン、イーサン・コーエン

脚本 ジョエル・コーエン、イーサン・コーエン

忘れ去られた作家ポーティス

グリット（Grit）とは、砂漠などで食べ物や水を口にしたとき、ジャリッと歯に当たる砂粒のこと。噛《か》み砕けない、ということから「不屈の精神」「根性」も意味するようになった。

コーエン兄弟の『トゥルー・グリット』（2010年）は、チャールズ・ポーティスの同名小説の映画化である。だが、同じ原作を持つジョン・ウェイン主演の映画『勇気ある追跡』（69年）のリメイクではない。

舞台は西部開拓期のアーカンソー州。十四歳の少女マティ（ヘイリー・スタインフェルド）が、連邦保安官のルースター・コグバーン（ジェフ・ブリッジス）を金で雇い、父を殺した仇《かたき》トム・チェイニー（ジョシュ・ブローリン）を追って、無法のインディアン居留地に入っていく。

ポーティスの長編第二作である『トゥルー・グリット』（68年）は「『ハックルベリー・フィンの冒険』に匹敵する傑作」と絶賛され、翌年にヘンリー・ハサウェイ監督によって映画化された。隻眼《せきがん》の老保安官コグバーンを演じたジョン・ウェインが名演技を見せ、六十二歳で初のアカデミー賞主演男優賞に輝いた。

ひとりで四人のならず者と対峙したウェインが「銃を取れ、クソったれ！」と叫んで、馬の手綱を口にくわえ、左手でコルト、右手でウィンチェスターを撃ちながら敵に突っ込むクライマックスは彼の生涯一の名場面。ウェイン版のコグバーンはあまりに観客に愛されたので、その名前をタイトルにした『Rooster Cogburn（邦題：オレゴン魂）』（75年）というスピンオフまで作られた。

その陰で、ポーティスの小説は忘れられてしまった。彼はその後、数冊の小説を書いただけで、世間の目からは消えた。

「ポーティスはコーマック・マッカーシーになれたはずだ」

南部文化についてのエッセイ集『ロング・タイム・リービング』で作家ロイ・ブラウント・ジュニアはそう書いた。ポーティスとマッカーシーは同じ1933年生まれで、南部に暮らし、西部小説を文学として再生させた。ジョエル・コーエンは、息子に『トゥルー・グリット』を読んで聞かせながら、これを映画化しようと思い立ったそうだ。マッカーシー原作の『ノーカントリー』（07年）でアカデミー賞監督賞・脚色賞を受賞したコーエン兄弟の作風とよく似ているからだろう。真顔のジョークや乾いたバイオレンスが。

人は信じないだろう。十四歳の少女が家を出て、父の仇を求めて冬の荒野に旅立ったなんて。

という文章で始まる『トゥルー・グリット』は、年老いたヒロイン、マティが六十年ほど前を回想する一人称で書かれている。その語り口はハードボイルド小説の探偵のような皮肉とウィットに富んでいる。たとえば酒を勧められたマティはこう言って断る。「脳みそ泥棒（アルコールのこと）を自分から口に入れるなんて気が知れないわ」

父の仇チェイニーはインディアン居留地に逃げ込んでいた。今のオクラホマ州である。

1830年、アンドリュー・ジャクソン大統領は、南部の先住民（チェロキー族やチョクトー族など）をこの不毛の地に強制移住させた。そこは白人の法の及ばない土地で、おたずね者たちの避難所になった。

隣のアーカンソー州フォートスミスの連邦判事アイザック・パーカーは、腕に自信のある西部男たちに連邦保安官代理のバッジを授け、インディアン居留地に逃げ込んだ犯罪者たちを捕まえさせた。判事を務めた二十一年間に七十九人を絞首刑にしたパーカーは「首吊り判事」と呼ばれた。ちなみにクリント・イーストウッド主演の映画『奴らを高く吊るせ！』（テッド・ポスト監督、68年）もパーカーに任命された保安官代理の物語だ。

マティもそれを見つめながら父の仇のことを考える。

禁じられた復讐《ふくしゅう》の果て

フォートスミスの広場で、善男善女たちはピーナッツを食べながら縛り首を見物する。マティもそれを見つめながら父の仇のことを考える。

「この世では、何をしたって、いつか必ず代償を払うことになる。無償のものなどない。神の恵み以外は」

マティは聖書を端から端まで暗記していて、それをすぐに引用する。彼女の心を支配しているのは『出エジプト記』二十一章二十四節「目には目、歯には歯」だ。

69年版の映画でマティを演じたのは当時二十一歳のキム・ダービーだが、小綺麗な服装と言葉、ナイーブな表情のせいで、開拓者の娘というより都会から来た60年代のティーンにしか見えない。コーエン版のヘイリー・スタインフェルド（撮影当時十三歳）は美少女ではないが、そばかすだらけの顔、田舎訛《なま》り、それにタフな目つきで原作のマティを見事に体現している。

マティは不屈《トゥルー・グリット》の魂を持った助っ人を探す。彼女が選んだのは悪名高い保安官代理ルースター・コグバーン。四年間で二十三人を捜査中に射殺したという。実際、彼らの仕事は非常に危険で、フォートスミスには五十人もの殉職者の墓がある。

ブリッジスのコグバーンは、ジョン・ウェインのようなナイスガイではなく、原作通り〝非情のプロ〟だ。敵を背後から狙撃することも厭《いと》わず、「これで、こちらが本気だとわかるだろうさ」と言ってのける。ちなみにウェインは遺作『ラスト・シューティスト』（ドン・シーゲル監督、76年）でも敵を背後から撃つシーンを演じるのを拒否した。

コグバーンはマティに「俺たちはブッシュワッカーと呼ばれた」と過去を語る。「ビル・アンダーソンやクァントレル大尉と一緒にカンザスで暴れた」。事実、ビル・アンダーソンとクァントレル大尉率いるブッシュワッカー（南軍ゲリラ）は1863年8月、奴隷解放を選んだカンザスの町ローレンスを襲撃して一般市民約二百人を虐殺した。コグバーンの手は血で汚れ、その代償として片方の目を失った。

そんなコグバーンはマティを見て「あの娘を見てると自分を思い出すぜ」と言う。ふたりは同じトゥルー・グリットを持っている。

ウェイン版は、マティが父の仇を討って無事に故郷に帰るハッピーエンドだが、原作はそんなに甘くない。新約聖書では復讐を禁じている。マティの復讐に巻き込まれて合計十人ほどが死ぬ。彼女はその代償として「地獄」に落ち、体の一部を失う。またコグバーンは命がけで彼女を救うことで血みどろの人生の贖罪《しょくざい》を果たす。

コーエン版は原作同様、結婚しないまま年老いたマティが、身寄りのないコグバーンの遺体を自分の家族の墓地に葬る場面で終わる。これは老人と少女のプラトニックなラブ・ストーリーだったのだ。

第4章

真夜中のパリ

Midnight in Paris

『ミッドナイト・イン・パリ』
2011年、アメリカ
監督　ウディ・アレン
脚本　ウディ・アレン

移動祝祭日パリにタイムスリップ

イースター（復活祭）のように、年によって日付が違う祝日を移動祝祭日と呼ぶ。

もし幸運にも、若者の頃、パリで暮らすことができたなら、その後の人生をどこですごそうとも、パリはついてくる。パリは移動祝祭日だからだ。

（アーネスト・ヘミングウェイ著、高見浩訳『移動祝祭日』新潮文庫）

そう語ったヘミングウェイは、二十代の頃パリで暮らした七年間を、六十代になって回想記『移動祝祭日』にまとめた。この本は、映画『ミッドナイト・イン・パリ』（2011年）の発想の原点になった。八十代に入ったウディ・アレンの長編映画四十二本目の監督作である。

主人公ギル（オーウェン・ウィルソン）は美しい婚約者イネズ（レイチェル・マクアダムス）と共に婚前旅行でパリに来ていた。だが、ギルは憂鬱だった。

イネズは大金持ちの令嬢で、パリ旅行にも両親がついてきた。共和党支持者で保守的な俗物の彼らが義父母になるかと思うとギルはげんなり。イネズの友人でソルボンヌ大学のしてている。
教授のポール（マイケル・シーン）を紹介されるが、彼はフランス語ができないギルを見下している。

ギルはハリウッドの脚本家としてそれなりに稼いでいたが、小説家になりたくて一作目を書き始めていた。それは昔を懐かしむアンティーク・ショップの店員の物語だった。
「1920年代のパリは僕の憧れなんだ！」とギルは主張する。アメリカからパリへ、多くの文化人たちが禁酒法から逃れてきた。ヘミングウェイ、フィッツジェラルド、コール・ポーター……。また、アートの目利きである作家ガートルード・スタインのもとにピカソやマティスが集まっていた。

20年代のパリについて熱く語るギルを「懐古趣味はみじめな現実からの逃避だね」とポールは冷笑する。

ギル役のオーウェン・ウィルソンは、早口でオドオドと神経質にしゃべり続け、ウディ・アレンのオルター・エゴ（もうひとりの自分）を完璧に演じている。

ギルはパリを愛しているが、イネズから「あなたはファンタジーに恋してるのよ」と言われる。イネズも両親の影響で、こんなことを言う女性なのだ。「ギル、あなたはいつも弱い者の味方ね。それって社会主義だわ」

ギルは「今のここ」に居場所がない。ひとりとぼとぼ夜のパリを歩いていると、午前零時の鐘が鳴った。

走ってきた車がギルの前で止まった。クラシックカーだ。

「乗れよ。パーティに行こう」

その車はタイムマシンだった。ギルは夢にまで見た20年代のパリ、ヘミングウェイの言う「移動祝祭日」に迷い込む。

世界の文化オールスターズ

20年代のパリで、ギルは20世紀の大芸術家たちの若かりし日々を目の当たりにする。

ジャン・コクトー主催のパーティでは、コール・ポーター（イヴ・ヘック）がピアノを弾いている。ここで彼が弾いている曲は「レッツ・ドゥ・イット」。

「鳥もする、蜂もする／かしこいノミだって／だからしようよ／恋に落ちよう」

恋をするものの例として電気ウナギや日本人まで出てくるおどけた歌だ。１９２８年にポーターはブロードウェイに帰って、パリ生活を基にしたミュージカル『パリ』を上演し、挿入歌の「レッツ・ドゥ・イット」は彼にとって最初の大ヒット曲になった。

パーティで浮かれ騒いでいるのは、典型的なフラッパー・ガールのゼルダ・フィッツジェラルド（アリソン・ピル）。男たちといちゃつく若い妻をハラハラしながら酒をあおっているのは、もちろん夫のスコット・フィッツジェラルド（トム・ヒドルストン）。彼は25年に代表作『グレート・ギャツビー』を出版して作家として絶頂期を迎えたが、妻の奔放な行動に振り回され、酒量を増やし、執筆量が落ちていった……というのは、『移動祝祭日』におけるヘミングウェイの意見だが。

ジャズ・エイジだけじゃない。当時のパリではアンドレ・ブルトンがシュルレアリスム宣言をして、革命的なアート運動が盛り上がっていた。ギルは三人のシュルレアリストに会う。サルバドール・ダリとルイス・ブニュエルとマン・レイ。ギルが「僕は21世紀から来ました」と言っても三人は微塵も驚かない。「君たちは超現実主義者だからなあ」

1928年にパリでダリと映画『アンダルシアの犬』を撮るブニュエル（アドリアン・ドゥ・ヴァン）は、ギルから「ある家に集まった客が家から出られなくなる、という話があるんです」と聞かされると「それは変だよ。出たいなら出ればいいじゃないか」と首をかしげる。それはブニュエルが62年に撮ることになる『皆殺しの天使』のプロットなのに！『ミッドナイト・イン・パリ』では、20年代に起こった出来事が一度に描かれている。これがアレンの心の中の20年代のパリだからだ。

そしてギルは最も尊敬する作家ヘミングウェイ（コリー・ストール）と対面する。

「私の本は好きかな？」

「好きなんて……全部愛してます！」

「あれはいい本だ。正直な本だから。戦争の体験についての」

彼は最初の長編『日はまた昇る』について言っている。第一次世界大戦で受けた心の傷を性的不能に象徴させた小説だ。最初の世界大戦で徹底的に人間の残虐さを見た当時の人々は、拠《よ》るべき精神的な指標を失った。だからヘミングウェイが師事していたガートルード・スタインは彼らを「ロスト・ジェネレーション（迷子の世代）」と呼んだ（「失われた世代」は誤訳である）。ヘミングウェイ自身はその呼称に不満だったが。

夜が明けるとギルは再び20年代のパリで、執筆中の小説をヘミングウェイとスタインに見せようとする。史上最高の文学者の彼らにアドバイスをもらえば傑作になるはずだ！

ところがギルは、ピカソの恋人兼モデルのアドリアナ（マリオン・コティヤール）と予期せぬ恋に落ちる。コール・ポーターの歌に誘われたように。婚約者との板挟みになって悩むギルにヘミングウェイが語るアドバイスがいい。

「誰だって怖いものは死だ。死ぬのが怖い理由は、まだ人を愛し足りないし、愛され足りないからだ。しかし、本当に素晴らしい女性と愛を交わせば死など怖くない。なぜなら、体と心がひとつになれば、ふたり以外の世界のすべては消え失せるからだ。その瞬間、魂の不滅を実感するのだ」

実はこのとき、ヘミングウェイ自身もパリで出会った女性と恋に落ち、妻と別れた。このセリフはウディ・アレンが書いたものだが、恋多き男としての実感でもあるだろう。

しかし、このノスタルジックなファンタジーは皮肉な展開を見せる。

「今の文化はくだらない。20年代のパリで過ごしたかった！」と言うギルに対して、20年代パリの住人アドリアナは「今の文化は最低。ベルエポックのパリこそ黄金時代」と言う。そこにベルエポック風の馬車が現れて……。

ウディ・アレンはずっとノスタルジーに囚《とら》われてきた。その気持ちはよくわかる。60年代生まれの筆者も、あと十年早く生まれて、アレンが活躍した70年前後のカウンター・カルチャーを若者として体験したかった。黄金時代はいつだって過去なのだ。

第5章

3月15日に気をつけろ

Beware the Ides of March.

『スーパー・チューズデー
～正義を売った日～』

2011年、アメリカ
監督 ジョージ・クルーニー
脚本 ジョージ・クルーニー、
グラント・ヘスロヴ、ボー・ウィリモン

民主党の『ジュリアス・シーザー』

ジュリアス・シーザー（ユリウス・カエサル）は若ハゲだった。後退した生え際を隠すため、前髪を伸ばして眉の少し上で切り揃えた独特の髪型は、今も「シーザーカット」と呼ばれている。

ジョージ・クルーニーは三十二歳のとき、テレビドラマ『ER 緊急救命室』で小児科医の役を得て、このシーザーカットで人気が出た。そして、彼は四本目の監督作『スーパー・チューズデー〜正義を売った日〜（原題：The Ides of March）』（２０１１年）で、シーザーを連想させる政治家を演じている。

原題にある「Ides《アイズ》」とは、古代ローマ暦で月の中日を意味し、3月の場合は15日になる。紀元前44年のこの日にシーザーは暗殺された。シェイクスピアの戯曲『ジュリアス・シーザー』では、政敵ポンペイウスを倒してローマに凱旋したシーザーに、予言者が「3月15日に気をつけろ」と囁《ささや》く。

『スーパー・チューズデー』でクルーニーは民主党の大統領予備選に出馬したペンシルベニア州知事マイク・モリスを演じているが、出番はわずかしかない。主人公はモリスの若き選挙スタッフ、スティーヴン・マイヤーズ（ライアン・ゴズリング）だ。

三十歳のスティーヴンは広報担当で、若くハンサムなこともありメディア関係者から人気があった。五十歳のモリスも、セクシーでチャーミングなルックスがウリだ。大企業を恐れず、変革を厭《いと》わない理想主義者でもあるモリスを、スティーヴンは心の底から尊敬していた。

モリスのライバル候補の選対主任トム・ダフィー（ポール・ジアマッティ）は密かにスティーヴンを引き抜こうとする。スティーヴンは敵からも評価されたことが嬉しくて、迂闊《うかつ》にもダフィーと会ってしまう。

『スーパー・チューズデー』は、脚本家のボー・ウィリモンの『ファラガット・ノース』という戯曲が原作だ。彼は2004年の大統領予備選挙で、民主党のハワード・ディーンのスタッフだった経験を基にこれを書いた。

バーモント州知事だったディーンはブッシュ政権の起こしたイラク戦争を激しく攻撃して、若者たちから絶大な人気があった。04年1月、アイオワ州で行われた候補者を決める予備選では、ジョン・ケリー、ジョン・エドワーズに続く三位に終わったが、勢いのあるディーンには逆転が可能だった。

「ニューハンプシャーの予備選では勝つぞ！」。選挙事務所でディーンがスタッフを励ます姿がテレビで放送された。「サウスカロライナでもオクラホマでもアリゾナでもノースダコタでも……」。ディーンは各州の名前を挙げ、最後に「そして我々は首都ワシントンに行き、ホワイトハウスに入るのだ！　イエーーーッ！」。

この最後の「イエーーーッ！」でディーンの声は裏返り、珍妙な悲鳴になってしまった。保守系メディアは面白がってそのビデオを何度もしつこく放送し、テレビのお笑い番組もネタにした。ディーンの支持率は下がり、予備選から脱落した。政策でもスキャンダルでもなく、ただ「イエーーーッ！」だけでディーンの大統領への道は絶たれた。これがメディア時代の選挙の恐ろしさだ。

過ちは星のせいじゃない

戯曲『ファラガット・ノース』のタイトルは首都ワシントンの地下鉄の駅名だが、映画では『The Ides of March（3月15日）』に改題された。クルーニーと共同で脚本を書いたグラント・ヘスロヴは、「『ジュリアス・シーザー』的なものを感じたからだ」と説明している。

シェイクスピアの『ジュリアス・シーザー』は題名に反し、シーザーは三回しか舞台に登場しない。主人公はシーザーの親友であるブルータスだ。彼は誰よりもシーザーを尊敬していたが、反シーザー派の政治家カッシウスに誘われる。『スーパー・チューズデー』のスティーヴンをダフィーが引き抜こうとしたように。

シーザーはエジプトまで支配し、異民族ガリア人をも平定した英雄だ。彼はその勢いで自ら終身独裁官に就任した。次は皇帝になるだろう。ローマの共和政を守るためには、シーザーを止めなければ。カッシウスはブルータスに訴える。

「ブルータス君、過ちは星のせいじゃない。我々自身の責任だ」

「星のせい」とは運命のこと。運命に流されず、自らの意志で歴史を動かし、シーザーを暗殺しよう、とカッシウスは言う。このセリフはヘスロヴ脚本、クルーニー監督の『グッドナイト&グッドラック』(05年)にも登場する。ジョセフ・マッカーシー上院議員による「赤狩り」に抵抗したCBSテレビのキャスター、エド・マローを描いたドラマで、かつてジャーナリスト志望だったクルーニーは、ブッシュ政権のイラク侵攻を批判しなかった当時のアメリカのマスコミに反省を促すために、この映画を自ら製作した。マローは54年3月の放送で、マッカーシーの暴虐ぶりを映像で見せた後、「これは誰のせいでしょう?」と視聴者に問いかけた。

「マッカーシーではありません。彼は共産主義への恐怖を作り上げたわけではなく、利用しただけです。非常に成功しましたが。カッシウスは正しかったのです。『過ちは星のせいではなく、我々自身の責任だ』。では、おやすみなさい。そしてグッドラック」

面白いことにクルーニーは同じセリフを『ディボース・ショウ』（ジョエル・コーエン監督、03年）というラブ・コメでも引用している。クルーニー扮する離婚訴訟専門弁護士マイルスは、金持ち夫の財産をふんだくろうとする依頼人マリリン（キャサリン・ゼタ＝ジョーンズ）が婚前契約で財産分割について取り決めたことを知ると、「過ちは星のせいではなく、我々自身の責任だ」とつぶやく。

ブルータスはカッシウスの誘いを拒絶する。しかし、誠実な理想主義者である彼は、ローマの民主主義を守るため、尊敬するシーザーを暗殺する意志を固めていく。『スーパー・チューズデー』のスティーヴンもダフィーの誘いを断る。「モリスの理想を信じているから」と。「まだ若いな」とダフィーは笑い、「そんな理想は続かない。モリスも他の政治家と同じく堕落する」と予言する。それは的中する。

スティーヴンは選対で研修中の女子大生モリー（エヴァン・レイチェル・ウッド）と一夜を共にする。二人が同じベッドで眠る深夜にモリーにかかってきた電話をスティーヴンが取ると、相手はすぐに切った。モリスからの電話だった。

「モリスがどうして、二十歳の研修生に深夜二時過ぎに電話してくるんだ?」

スティーヴンは彼女を問い詰める。彼女の答えは予想よりも悪かった。

「私、彼の子どもを妊娠したの」

「この映画の製作が始まったのはエドワーズのスキャンダルよりも前だった」。ヘスロヴは苦笑する。08年の民主党大統領予備選挙では、オバマとヒラリーが白熱した戦いを繰り広げたが、三番手につけていたのはジョン・エドワーズ上院議員だ。ところが彼はある日、突然戦いから身を引いた。後に選挙宣伝用ビデオの監督だった女性との間に婚外子がいることが発覚したのだ。エドワーズの妻は長い間がんと闘っており、ふたりはおしどり夫婦と言われていたのだが、セクシーでチャーミングな大統領候補は誘惑に弱かった。

モリスに忠誠を誓うスティーヴンは、モリーの妊娠をもみ消そうと孤軍奮闘する。だが、それは最悪の結果に終わる。裏切り、裏切られ、また裏切り、夢も理想もない政治の現実という地獄に落ちていく。

有名な「ブルータス、お前もか」というセリフこそないが、代わりにスティーヴンが痛烈な言葉をモリスにぶつける。

「アメリカの大統領は必要のない戦争を始めることもできる。国を破産させることもできる。でも、研修生とファックすることだけは許されないんだ！」

ブッシュは必要のないイラク戦争を始めたにもかかわらず2004年に再選され、2008年に起こった金融崩壊でも責められなかった。いっぽうクリントン大統領に失政はなかったが、ホワイトハウス実習生のモニカ・ルインスキーと「不適切な関係」を持っただけで弾劾された。戦争や経済よりも、下半身スキャンダルが大統領の支持率を決める奇妙な国、アメリカ。

『ジュリアス・シーザー』でブルータスは民主主義を守るため、暗殺という、民主主義から最も遠い手段を選んだ。その結果、ローマは内乱に突入し、ブルータスは敗れて自害した。内乱を制したのはシーザーの養子オクタヴィアヌスだった。彼は自ら皇帝になり、共和政は終わった。やはりカッシウスは正しかった。「過ちの責任は我々自身に」あったのだ。

ブルータスと違って『スーパー・チューズデー』のスティーヴンはすべての敵を倒し、戦いに勝利する。しかし、政治に対する夢も理想も失った彼の心は空っぽだった。

第6章

メイド・オブ・オナー

Maid of Honor

『ブライズメイズ
史上最悪のウェディングプラン』
2011年、アメリカ
監督 ポール・フェイグ
脚本 クリステン・ウィグ、アニー・マモロー

ブロマンス対ウーマンス

ベストマン（Best man）という役割がある。結婚式で花婿の友人たちが務める介添人であるグルームズマン（Grooms men）のリーダーで、花婿のいちばんの親友が選ばれる。

結婚するとき、ベストマンがいなくて困る男のコメディが『40男のバージンロード』（ジョン・ハンバーグ監督、2009年）。主人公ピーター（ポール・ラッド）は誰にでも愛想よく、誰からも好かれていたが、腹を割ってわかり合える親友はいなかった。結婚式を控えて焦ったピーターは、たまたま出会ったシドニー（ジェイソン・シーゲル）と親友になろうとするが、シドニーは何から何までデタラメなワイルドな男で……。

ピーターはそんなシドニーに振り回され、大喧嘩した末にとうとう絶交する。実は、彼は今まで喧嘩すらしたことがなかった。本当の気持ちをぶつけ合い、喧嘩したり仲直りしたり、また喧嘩してこそ親友。恋愛や夫婦、親子関係も同じなのだ。ピーターはそれを学ぶ。四十歳にして。

このような映画をブロマンス（Bromance）と呼ぶ。ブラザーとロマンスの合成語だ。『40歳の童貞男』（ジャド・アパトー監督、05年）の大ヒットからブームになったジャンルで、男同士の友情以上恋愛未満のイチャイチャを描く。

何よ！　これってあまりに女性をないがしろにしてない？　それに女同士には友情なんてないと思ってるの？　ということで、ブロマンスに対抗して女同士の友情を描く「ウーマンス」コメディも作られ、女性客を集めて大ヒットした。

タイトルは『ブライズメイズ 史上最悪のウェディングプラン』（ポール・フェイグ監督、２０１１年）。ブライズメイドはグルームズマンの女性版で、花嫁の介添人のこと。メイドと呼ぶのはイギリス貴族の女官が語源だから。いわゆる雛《ひな》人形の三人官女ですね。ベストマンにあたる花嫁のいちばんの親友は、メイド・オブ・オナー（名誉ある女性）と呼ばれる。

映画は主人公アニー（クリステン・ウィグ）のセックス・シーンで幕を開ける。相手の男テッド（ジョン・ハム）はハンサムだが、傲慢な態度でアニーに「Cup my balls.（俺の睾丸《こうがん》を包め）」と命じ、彼女はそれに従う。どんなプレイなんだろう？

そんな下ネタが次々に炸裂《さくれつ》する『ブライズメイズ』は、第八十四回アカデミー賞脚本賞にノミネートされた。書いたのは、この映画の主演でもある三十八歳のクリステン・ウィグ。ＮＢＣのコメディ・バラエティ番組『サタデー・ナイト・ライブ』のレギュラー出演者兼ギャグ作家だ。

翌朝、アニーはテッドの家から叩き出される。彼女は悲しいことに「テッドの恋人その三」にすぎない。

アニーはドン底にいた。婚約者と一緒にケーキ屋を始めたが、商売は失敗。彼は他の女と逃げたので、店を出すために借りた数百万円の借金をひとりで背負う羽目になった。

ケーキを見るのも嫌になったアニーは宝石店で働くが、婚約指輪や結婚指輪を買いに来るカップルに笑顔で対応できず、店主から叱られる。「指輪を買いに来た客には『愛は永遠です』スマイルをしろ。それが君の精いっぱいの笑顔か？　それじゃ永遠じゃなくてせいぜい二年だ！」

そんなアニーの唯一の救いは幼なじみのリリアン（マーヤ・ルドルフ）。いくらグチや泣きごとを言っても聞いてくれるし、フェラチオの話だって気がねなくできる。ところが……。

「あたし、結婚するの！」

リリアンの一言にアニーは一瞬凍りつく。

「で、親友のあなたにメイド・オブ・オナーになってほしいの！」

それは名誉なことだが、親友の幸福にまで嫉妬してしまう今の自分に務まるだろうか？

でも、リリアンの結婚式をうまく盛り上げれば、あたしの人生も上向きになるかも。

アニーは他のブライズメイドたちに紹介された。

リリアンの勤め先の後輩ベッカ（エリー・ケンパー）は新妻。結婚するまで処女だった彼女は、恋愛や結婚に理想を抱いている。

「早く赤ちゃんが欲しいわー」

すると思春期の息子が三人いるリリアンの従姉リタ（ウェンディ・マクレンドン＝コーヴィ）が先輩として忠告する。

「男のガキは最悪よ。思春期になると家じゅうザーメンだらけ！」

リリアンの義妹になるメーガン（メリッサ・マッカーシー）はずんぐりむっくりで変人。男に縁がなさそう。アニーはメーガンを見て「あたしのほうがマシね」とホッとする。

でも、問題はリリアンの旦那の上司の奥さん、ヘレン（ローズ・バーン）だ。彼女は大金持ちで、リリアンを高級スポットに連れて行って、アニーから親友ナンバーワンの座を奪おうとしている！　かくしてアニーとヘレンの「いちばんの親友」バトルが始まる。

アニーはリリアンの結婚パーティの打ち合わせ場所に、とっておきのブラジル料理店を予約する。

「この店、見た目は汚いけど、おいしい！」

ブライズメイドたちは大喜びで、アニーは鼻高々。食後、金持ちヘレンの行きつけの高級ウェディングショップで、式に着るドレスを選ぶ。全員が高級ドレスを試着したとき、げろげろげろー。さっきの食事にあたったのだ！　みんなが洗面所に殺到。花嫁リリアンは純白のウェディングドレスを着たままトイレを探しに表通りに飛び出した途端に、通行人であふれる路上にへたりこんで……。

女同士に真の友情はあるのか？

ドン底にはまだ下があった。アニーは張り切れば張り切るほど空回りし、ヘレンが点数を稼ぐ。アニーはついにブチ切れる。

「リリアン！　あんたはこの金持ち女のケツの穴でも舐《な》める気？　きっと綺麗に漂白してるでしょうけどね！」

リリアンも堪忍袋の緒が切れた。「してるわよ！　ふたりで一緒にアナル漂白サロンに行ったもん！」

上流階級では流行《はや》っているらしい。

かくしてアニーはメイド・オブ・オナーの座をヘレンに奪われた。

「あんたはメイド・オブ・ディスオナー（不名誉な女）よ！」

親友を失ったアニーは、勤め先の宝石店で親友と友情指輪を交換するという女子中学生の客にネチネチ嫌みを言う。

「永遠の友情なんて嘘よ」

客を泣かせたアニーは店もクビになる。ついに何もかも失ったアニー。

「みんながあたしを嫌ってる！」

そんなアニーに光を示したのは、ずんぐりむっくりのメーガンだった。

「私はね、学校で酷《ひど》いイジメにあっていたの。学校の廊下を歩くだけでも大変だった。爆竹を投げられたことすらあったわ。バケモノと呼ばれてね。でも、それで私が挫《くじ》けたと思う？　私は死ぬほど勉強したの。図書館の本は全部読んだわ。今、私は国防保安部で働いてる。核兵器のありかも、アクセスコードも知ってるのよ」

アニーが無意識に見下していたメーガンは、実はエリートだった。

「だから、私は自分の問題を世界のせいにする人には共感できない。問題はあなた自身なのよ、アニー」

そこにパニックを起こしたヘレンから電話が。リリアンが式前日に突然失踪したというのだ。メーガンによって開かれた嫉妬のない目で見ると、ヘレンも金目当てで年寄りの後妻になり、夫の連れ子に憎まれる孤独な女性だった。お互いの傷を見せ合ったアニーとヘレンは力を合わせてリリアンの結婚を救う。

女性の名誉のため、「女同士に真の友情はない」とか「女の敵は女」とか「女の嫉妬は本能」とか「女はシャレがわからない」という男たちの偏見を吹き飛ばした映画『ブライズメイズ』。メーガン役のメリッサ・マッカーシーはこの名演技によってアカデミー賞助演女優賞にノミネートされた。実は彼女をはじめ、出演した女優たちはクリステン・ウィグの長年のコメディエンヌ仲間。この映画自体が友情パワーの賜物なのだ。

第7章

さらば我が愛、我が友、我が痛み、我が喜び

Goodbye My Love, My Friend, My Pain, My Joy.

『ファミリー・ツリー』

2011年、アメリカ
監督 アレクサンダー・ペイン
脚本 アレクサンダー・ペイン、
ナット・ファクソン、ジム・ラッシュ

楽園の憂鬱《ゆううつ》

「私がハワイに住んでいるというだけで、きっとアメリカ本土に住む人々は、楽園で暮らしていると思うだろう」

『ファミリー・ツリー』（2011年）は、五十歳に近づいた主人公マット・キング（ジョージ・クルーニー）のグチで始まる。画面は青い海に青い空、白い砂浜、水着の美女やサーフインやフラダンス、ではなく、現地人の陰鬱《いんうつ》な表情ばかり。

「この〝楽園〟とやらで、私は二十三日間、尿バッグと気管チューブと共に暮らしてきた。何が楽園だ」

マットは、パワーボートの事故で昏睡《こんすい》状態に陥った妻エリザベス（パトリシア・ヘイスティ）に付き添っているのだ。

『ファミリー・ツリー』は、『サイドウェイ』（04年）によってアカデミー賞脚色賞を受賞した、アレクサンダー・ペイン七年ぶりの監督作。

ペイン監督は『ハイスクール白書～優等生ギャルに気をつけろ！』（99年）でマシュー・ブロデリック、『アバウト・シュミット』（02年）でジャック・ニコルソン、『サイドウェイ』でポール・ジアマッティの「中年（または老年）の危機」を描いてきたが、この『ファミリー・ツリー』もそうだ。

2014年に再婚するまで独身のプレイボーイとして知られたジョージ・クルーニーは中年の危機とは縁遠い感じだが、『マイレージ、マイライフ』(ジェイソン・ライトマン監督、09年)では、家族を持たないまま五十歳を迎えて、自分の人生がカラッポだったことに気づくリストラ宣告人をリアルに演じた。『ファミリー・ツリー』では珍しく父親役だが、妻が倒れるまで仕事にかまけて家庭をほったらかしにしてきた。

「次女の面倒を最後にみたとき、彼女は三歳だった。今はもう十歳だ」

次女スコッティ(アマラ・ミラー)は性に目覚め、クラスメートに「みんな知ってるよ。あんたアソコの毛生えてるでしょ」とメールして泣かせ、会話でもファックを連発する。十七歳の長女アレクサンドラ(シャイリーン・ウッドリー)は高校の寮に入れたが、酒とドラッグ三昧でセックスもしているらしい。しかも彼女のボーイフレンドはハッパの吸い過ぎのせいかボケた男で、初対面のマットにこう挨拶する。

「よろしくな、兄弟」

こんな事態になっていることをマットはまるで知らなかった。

「妻は私を試しているんだ」

カメハメハの末裔《まつえい》

さらにマットは重大な決断を迫られている。

彼はハワイのカメハメハ大王の末裔にあたる（キングという苗字は意図的だ）。キング家は先祖代々引き継いできた広大な土地には手をつけず、弁護士としての収入だけで質素に暮らしている。何しろ自家用車は数年落ちのシビックで、服はいつもアロハに短パンにサンダルだ（ただしハワイでは大金持ちもそんな格好だと説明されるが）。

だが、その土地を巨大なリゾート施設にしたいという開発業者から五億ドル（！）を提示された。心が揺れるマット。大金を手に入れたあかつきには仕事を辞めて、いい夫、いい父親になっている自分を夢想する。

ところが医者は彼にこう告げる。

「奥さんは完全に脳死し、回復の見込みはありません。延命をやめる決断をしてください」

自ら妻に引導を渡せと？　さらに、とどめを刺すように長女が言う。

「パパ、なんで私がこんなにグレたと思う？　ママが浮気してたからよ！」

驚いたマットが近所の知り合いに問い質すと、知らないのは彼だけだった。夫に放置されて寂しかった妻は、別の男と一緒になるために離婚を準備していたという。

妻の父親はマットを責める。

「そもそも貴様が娘を幸福にしていたなら、パワーボートなんかで憂さ晴らしする必要はなかったんだ！」

あ、言い忘れていたが、これはコメディです。チャップリンがバナナの皮ですべって転んで笑わせるように、ペイン監督はいつだって主人公に次々とふりかかる不幸を苦笑いのギャグとして撮る。マットが妻の母に「生命維持装置を外す前にエリザベスに会ってほしい」と頼むと、アルツハイマーを患う義母は「エリザベス女王に会うの？　綺麗なドレス着なきゃ」と浮かれる。笑うに笑えない、実にペイン監督らしい底意地の悪いユーモア。

やり場のない怒りを、マットは妻の浮気相手に向ける。一度そいつのツラを拝まなきゃ気が済まない。かくして、寝取られマットは、小生意気な長女と、そのボケたボーイフレンドと、セックスに興味津々の次女を連れて、間男探しの珍道中を始める……。

遍在する妻

苦笑しながら思い出した映画は『ナイロビの蜂』（フェルナンド・メイレレス監督、05年）だ。

主人公はケニア在住のイギリスの外交官ジャスティン（レイフ・ファインズ）で、彼の妻テッサ（レイチェル・ワイズ）は冒頭でいきなり強盗に惨殺されてしまう。

テッサは貧しい村人たちのために医療ボランティアとして働いていたが、小役人のジャスティンは現実から目をそむけて趣味のガーデニングに没頭していた。しかし、妻がアフリカ人の医師と一緒に殺され、ふたりが不倫していたかもしれないと聞いてショックを受けたジャスティンは、初めて彼女がしていた活動について調べ始める。

そして、テッサがヨーロッパの大手製薬会社を調査していたことを知る。その会社はアフリカの貧しい村人たちに、危険な副作用の可能性のある結核の新薬を投与するという人体実験をしていた。その陰謀を知ったテッサは抹殺された。しかも、その会社の悪行を知らないイギリス人外交官は、ジャスティンだけだった。

『ナイロビの蜂』の原作は、スパイ小説の巨匠ジョン・ル・カレが、事実に基づいて書いた政治サスペンスだが、これはひとりのダメな夫の物語でもある。

テッサの死の真相に近づくにつれて、ジャスティンは知る。自分は妻のことも世界のことも何も知らなかったと。自分は本当に妻を愛してやれなかったのだと。

『ナイロビの蜂』で、妻はジャスティンの回想の中にしか登場しない。しかし、不在であるからこそ、謎だからこそ、サミュエル・ベケットの戯曲『ゴドーを待ちながら』のゴドーのように映画全体を支配する。

前出のクリストファー・ノーラン監督の『インセプション』(10年)も死んだ妻に支配された男の話だ。主人公コブ(レオナルド・ディカプリオ)は他人の夢の中に入り込むのが仕事だが、そこにはいつも妻がいる。実は既に妻は自殺しているのだが、コブの記憶の中から蘇って彼を死に引きずり込もうとする。

死んだ妻への罪悪感に翻弄される男の物語で最も有名なのは『四谷怪談』だろう。『四谷怪談』が伊右衛門とお岩夫婦の愛憎の物語であるように、これらの映画は一種の幽霊譚《たん》であり、妻を成仏させるまでの夫の遍路なのだ。妻は死んでも、夫にとっては世界全体に遍在する。

『ファミリー・ツリー』でマットがほったらかしにしていた妻エリザベスも、黙って眠り続けることで、マットが興味を失い売却しようとした母なる大地と重なっていく。結局、彼は土地を手放すのをやめる。

妻の浮気相手を探すドタバタの中で、互いを理解し、家族の絆を取り戻したマットと娘たちは、エリザベスを荼毘《だび》に付して遺灰をハワイの海に撒《ま》く。彼女はハワイとひとつになり、家族をその胸に抱き続ける。マットの長いお別れは終わった。

「さようなら、エリザベス。さようなら、愛する人、いちばんの親友、痛み、喜び。さようなら。さようなら」

第8章

彼女と同じものをいただくわ

I'll have what she's having.

『恋人たちの予感』

1989年、アメリカ
監督 ロブ・ライナー
脚本 ノーラ・エフロン

「女はみんなイクふりできるのよ」

ノーラ・エフロンが、2012年6月に七十一歳で亡くなった。

「あ、これはノーラ・エフロンの世界だ」

彼女が亡くなる前に、機内映画で『ステイ・フレンズ』（ウィル・グラック監督、11年）を観なおしていて気づいたばかりだったから感慨深い。

『ステイ・フレンズ』は、最近のハリウッド製ロマンチック・コメディのなかではダントツに面白かった。原題の『Friends with Benefits（互いに利益のある友人）』とは、セックス・フレンズの遠回しな言い方。

ジャスティン・ティンバーレイク扮するアート・ディレクターでヤンエグ（死語）のディランは、アラサー（もうすぐ死語）のミラ・クニス扮するヘッドハンターのジェイミーによって、ニューヨークの『GQ』編集部に引き抜かれる。お互い仕事第一で恋愛がうまくいかなかったふたりは意気投合。そこで、「セックスだけする親友」でいようと約束する。

でも、そんな関係がうまくいくわけがない。たちまちお互いを愛するようになるのだが……。

『ステイ・フレンズ』は最先端の風俗をうまく盛り込んでいるが、話の骨子は1989年の『恋人たちの予感（原題：When Harry Met Sally...）』（ロブ・ライナー監督）と同じだ。ノーラ・エフロンが脚本を書いた代表作である。

『恋人たちの予感』でサリー（メグ・ライアン）が演じる偽オーガズムは映画史に残る名シーンだ。ニューヨークのデリカテッセンで、ハリー（ビリー・クリスタル）が、

「今までつきあった女性はみんな僕のセックスに満足してたよ」

と言うと、サリーはため息をつく。

「あのね、女はみんなイクふりできるのよ」

サリーはそう言うと、食べていたサンドイッチを置いて、突然、悶《もだ》え、あえぎだす。店中の客が注視する。

「そうよ、そこよ、ああ、イク！　イクわ！」

偽の絶頂に達したサリーは何事もなかったようにサンドイッチをパクつく。それを見ていた六十歳代の女性客（ロブ・ライナー監督の母エステル・ライナー）がサリーを指さしてウェイトレスに注文する。

「彼女と同じものを」

『恋人たちの予感』は、その年のアカデミー脚本賞にノミネートされた。

「大統領の陰謀」を暴いた記者の元妻

ノーラ・エフロンは『ショウほど素敵な商売はない』（ウォルター・ラング監督、54年）などの脚本家ヘンリー＆フィービー・エフロン夫妻の娘だが、最初はショービジネスではなく、出版の世界に入り、『ニューヨーク・ポスト』紙や『エスクァイア』誌などで人気エッセイストになった。

1976年、『ワシントン・ポスト』紙の記者カール・バーンスタインと結婚。彼はニクソン大統領のウォーターゲート事件をすっぱ抜いた国民的英雄だった。その活躍は『大統領の陰謀』（アラン・J・パクラ監督、76年）という映画になった。その脚本に協力することでエフロンは映画界に入った。

1979年、バーンスタインとの結婚は彼の浮気が原因で破局。その体験記はエフロン自身の脚色で『心みだれて』（マイク・ニコルズ監督、86年）として映画化された。その頃、ライナー監督が自らの離婚経験を基に映画を作れないかとエフロンに相談し、『恋人たちの予感』の企画が始まった。

『恋人たちの予感』は全世界で大ヒット。ヒロインのサリーを演じたメグ・ライアンは、90年代ロマ・コメの女王になった。

『恋人たちの予感』は、邦題に反して決して恋人同士にならず、ずっと親友でいようと誓った男女の物語だ。

サリーが初めてハリーに会ったのは77年のシカゴ大学。ハリーは「愛してる」と繰り返しながら、恋人（サリーの友人）に別れのキスをしていた。大学を卒業したばかりのハリーとサリーは、交通費節約のため新生活を始めるニューヨーク目指して一晩じゅう交代で車を走らせた。

「私はニューヨークでジャーナリストの学校に行くの」

「君には何も起こらないかもね。何にもなれないで、アパートの一室で死んで二週間後に発見されるんだ」

なんて嫌なやつ。それからずっとハリーはサリーをイラつかせることばかりベラベラしゃべり続ける。

「僕は本を読むときは最初に最後のページを読むんだ。人間、いつ死ぬかわからないから、結末を知らずに死にたくないからね」

「サリー、君はまだ最高のセックスを経験したことがないね」

「あるわ。シェル・ゴードンと」

「シェルドンのことかい？　シェルドンなんて最高のセックスしそうな名前じゃないよ」

ダイナーで食事すると、サリーはウェイトレスに延々と注文を続ける。

「サラダのドレッシングはかけないで横につけてね。アップルパイ・アラモードのパイは温めてね。アイスクリームも上に置かないで、横に添えて。イチゴがあったら、アイスの代わりにそれ。いや、アイスはやめて生クリームにして。本物の生クリームよ。缶入りクリームしかないならいらないわ」

「ない場合、パイはいらないんですか？」

「いえ、パイだけちょうだい。温めないで」

これにはウェイトレスだけじゃなくてハリーも観客もうんざり。

それでも当時のメグ・ライアンは可愛い。大きな青い目、上を向いた丸い鼻、アヒル口。この場面では70年代に流行していたファラ・フォーセット風の髪型で、瞼《まぶた》にブルーのアイシャドーを塗っている。

「君は魅力的だ」

思わずハリーは言ってしまうが、サリーは猛反発。

「ただの友人として言ったんだ」

と取り繕ううちに、男女間の友情は成立するか、という論争になる。

「男と女は親友にはなれないね。セックスがからむから」

「それじゃ、私たちは友だちにはなれないってこと?」

出会ったばかりのふたりには恋心どころか友情すら芽生えない。

エフロンはこの映画のために何組かの老夫婦に、ふたりの出会いについてのインタビューを撮影した。いくつかは本編でも使われているが、出会った瞬間に恋に落ちて、その後何十年も暮らしている夫婦が多い。逆にハリーとサリーは十年以上も恋愛関係にならない。

ふたりは五年後に偶然再会するが何も起こらない。さらに五年後、サリーは書店でハリーに出会う。

「サリー、人格的成長においてあなたを見つめ続けている人がいるわ」

親友のマリー(キャリー・フィッシャー)が言う。何を突然、哲学的なことを言い出すのかと思ったら、書店の「PERSONAL GROWTH(人格的成長=自己啓発本)」の棚の陰からハリーがサリーを見ていたのだった。

サリーは婚約者に、ハリーは妻に去られて傷ついていたが、一緒にいるとなぜか笑顔になる。

「最初は君のこと嫌な女だと思ったけど」

「私もあなたは好きじゃなかった」

「女性の親友ができた。魅力的なのに寝たくならない女性は君が初めてだ」

男女の親友なんて理解できない、という友だちにハリーは「何でも話せる女友だちっていいだろ」と自慢しながら、我慢は限界に達していた。とうとうふたりは寝てしまう。最高のセックスだった。

だが、ハリーはこう言う。

「失敗した。もう二度としない。これからも親友でいよう」

もちろんサリーはひどく傷つく。このへんの展開は『ステイ・フレンズ』でそっくりに踏襲されていた。

そしてニュー・イヤーズ・イブ。ひとり寂しく大晦日《おおみそか》を過ごすハリーは、サリーこそが残りの人生を共に過ごしたい相手なのだとやっと気づき、サリーがいるパーティ会場に走る。みんなが新年の秒読みをするなか、サリーに告白する。

「愛してる」

ハリウッド映画の魔法の言葉。観客はニュー・イヤーズ・キッスでの大団円を期待する。

ところが、サリーは冷たく、

「『愛してる』って言えば上手くいくと期待しないで」

とはねつける。あーあ、年が明けて他のカップルはキスし始めちゃった。このへんの焦《じ》らし方は絶妙だ。

「『愛してる』がダメなら、これはどう？　摂氏二十二度の日に寒がる君が好きだ。九十分もかけてサンドイッチを注文する君が好きだ。僕に『こいつバカじゃない？』って顔して鼻の上にしわを寄せる君が好きだ。君と一日一緒にいた後、僕の服に残っている君の香りが好きだ」

対するサリーの言葉は、

「あなたなんか大嫌いよ。本当に嫌いなの。大っ嫌い」

そして初めての恋人同士のキス。ハリーが「愛してる」と言いながら恋人にキスしていた冒頭とブックエンドになっている。

女には笑いがわからない？

「『恋人たちの予感』はロマンチック・コメディの定型を作った」

シカゴ・トリビューン紙の映画批評家ミシェル・フィリップスは言う。

「『ステイ・フレンズ』だけでなく、『フォー・ウェディング』（マイク・ニューウェル監督、94年）や『無ケーカクの命中男／ノックトアップ』（ジャド・アパトー監督、07年）、それにジェニファー・アニストンやサンドラ・ブロック主演のロマ・コメの多くがよく見ると『恋人たちの予感』の骨組みを借りている」

「『恋人たちの予感』以前にも、サリーみたいな神経症的な女性は映画に出てきた。でも、サリーはリアルだった。特に『私、もうすぐ四十歳になっちゃうのよー』って泣く場面が」

『JUNO／ジュノ』（ジェイソン・ライトマン監督、07年）でアカデミー賞脚本賞を受賞したディアブロ・コーディは、『ニューズウィーク』誌の取材に対して、自分を導いたのはノーラ・エフロンだと語っている。

「『女には笑いはわからない』と言われていたけど、それが嘘であることを彼女は証明してみせたわ」

笑えるだけじゃない。『恋人たちの予感』はセックスについて全世界の男たちの考え方を変えた。この映画以降、すべての男は女性の反応が本物なのか演技なのか、まるでわからなくなってしまったのだから。

サリーがオーガズムを演じた店はニューヨークに実在する「カッツ・デリカテッセン」で、四半世紀以上経った今も世界中から『恋人たちの予感』のファンが訪れるという。みんな、注文するとき、こう言うんだろうな。

「サリーと同じものを」

第9章

天墜つる

Sky falls

『007 スカイフォール』

2012年、イギリス／アメリカ

監督 サム・メンデス

脚本 ジョン・ローガン、ニール・パーヴィス、ロバート・ウェイド

言語学者ジェームズ・ボンド

小学生の頃、テレビで放映された『007／ゴールドフィンガー』（64年）を観て以来、『007』シリーズの大ファンだ。当時はスリリングなアクションや秘密兵器に夢中になったが、大人になって観直すと別の楽しみがある。『007』は言葉遊びの宝庫なのだ。

言葉遊びで有名なのはボンド・ガールのヘンテコな名前。『007／ゴールドフィンガー』では、悪の大富豪ゴールドフィンガー（ゲルト・フレーベ）の自家用ジェットの女性パイロット（オナー・ブラックマン）がジェームズ・ボンド（ショーン・コネリー）に自己紹介する。

「私はプッシー・ガロア」

それを聞いたボンドは「これは夢だよね」と答える。「Pussy」は女性器を意味するスラング。「Galore」は「たっぷり」。ボンドにとって夢のような名前。しかし、こんな名前を娘につける親はいないよ。

『007／ダイヤモンドは永遠に』（71年）のボンド・ガールは、プレンティ・オトゥール（ラナ・ウッド）。「Plenty of tool」と聞こえるが、「tool」は男性器のスラングなので「××でいっぱい」という意味になる。

『007／ゴールデンアイ』（95年）のゼニア・オナトップ（ファムケ・ヤンセン）は、セックスの最中に腿《もも》で男の骨盤を絞めつけて砕く女殺し屋。彼女の名前は「Then, you are on the top」と聞こえる。「今度は君が上だ」とセックスの体位を指示しているみたいだ。

『007／ムーンレイカー』（79年）の天才女性科学者はホリー・グッドヘッド（ロイス・チャイルズ）。「Holly, good head（すげえ、頭がいいな）」と聞こえるが、実は「good head」には「フェラチオ上手」という意味がある。

『007／ワールド・イズ・ノット・イナフ』（99年）のクリスマス・ジョーンズ（デニス・リチャーズ）はアメリカの高校のチアリーダーにしか見えないが、天才的な核物理学者。クリスマスという名前自体は別におかしくないが、ボンド（ピアース・ブロスナン）は彼女とメイク・ラブして、こう言う。

「君について誤解してた」

「何を？」

「クリスマスは年に一度しか来ないと思ってたんでね」

日本語で「絶頂に達する」の意味の「イク」は英語では「Come（来る）」なのだ。

『007／トゥモロー・ネバー・ダイ』（97年）で、デンマーク語を学んでいるというボンド（ピアース・ブロスナン）に上司Mの秘書ミス・マネーペニー（サマンサ・ボンド）がこう言う。

「あなたはいつだってCunning Linguist（悪賢い言語学者）ね」

これは「クンニリングィスト」と聞こえるわけで……。

リビング・デイライツは瞳の光

なんかケーシー高峰の漫談みたいになってきたので、下ネタはこのへんにして、『007』シリーズはこんな下ネタばかりじゃなくて、ちゃんと勉強になる言葉も多い。たとえば、タイトルが実に凝っている。

『007は二度死ぬ』（67年）の原題は『You Only Live Twice』。「人生は一度だけ（You only live once）」という格言のパロディ。原作者イアン・フレミングは、こんな英語のハイク（俳句）を書いている。

「人は二度生きる。最初は生まれたとき。二度目は死神の顔を見たとき」

つまり、「生死の境目を生き延びた後は、もうひとつの人生を拾ったようなものだ」という意味だ。

『007/死ぬのは奴らだ』(73年) の原題「Live And Let Die」は、「Live and let live(世の中は持ちつ持たれつ)」という慣用句を皮肉っている。ポール・マッカートニー&ウイングスによる主題歌はこう歌う。

「若い頃、君は live and let live(共存共栄)だと言っていた。しかし、この変わりゆく世界を生きていくうちに君は打ちのめされ、こう叫ぶようになった。Live and let die(オレさえ生きれば、他の奴らは死んでもかまわない)」

「ムーンレイカー(Moonraker)」という言葉は、水面に映った月を「Rake(熊手)」で取ろうとする男、つまり「愚か者」という意味だ。

「リビング・デイライツ(The Living Daylights)」は、瞳の中に見える光のこと。「生気」や「意識」を意味し、「He scared the living daylights out of me」は「彼に死ぬほど脅かされた」の意味になる。

「トゥモロー・ネバー・ダイ」は、「Tomorrow never comes(明日は決して来ない)」という慣用句をひねったもの。明日は決して来ない。なぜなら、明日になると、明日は既に今日になってしまうから。

「ダイ・アナザー・デイ」は、イギリスの詩人アルフレッド・エドワード・ハウスマン

（1859〜1936年）の詩集『シロップシャーの若者』の一節からの引用で、「戦場から逃れた男は平穏な日に死ねるが、そんな臆病者の葬式では誰も泣きはしない」という文脈で使われている。

ユリシーズは死なない

2012年に『007』シリーズ二十三作目の『007 スカイフォール』（サム・メンデス監督）が公開された。タイトルはジェームズ・ボンドが子ども時代を過ごしたスコットランドの邸宅の名前だが、「Sky falls（天が落ちる）」は「世界の終わり」という意味で、古代ローマに「天墜《お》つるとも、正義を成就せしめよ（Fiat justitia, ruat caelum）」という法格言がある。caelum はラテン語で「天」または「空」を意味する（当時はそのふたつに区別はなかった）。たとえ自らが滅ぶような事態でも正義だけは果たさなければならない、という法の執行の理念として引用される。

『007 スカイフォール』では、まさに天が落ちるような事態がMI6（英国諜報部）を襲う。ボンドの上司M（ジュディ・デンチ）のノートパソコンが盗まれ、機密がサイバー・テロリスト、シルヴァ（ハビエル・バルデム）の手に渡ってしまう。彼はMI6本部のコンピュータに侵入し、世界各国に潜入させたエージェントの名前を公表、彼らの命が失われる。Mは英国議会で責任を問われることになるが、公聴会に向かう彼女の胸中で暗誦されるのは、桂冠《けいかん》詩人アルフレッド・テニスン（1809〜92年）の無韻詩《むいんし》「ユリシーズ」だ。
　ユリシーズは古代ギリシアの知将オデュッセウスのこと。イタケーの王だったユリシーズはトロイ戦争に従軍し、有名なトロイの木馬作戦を考案して勝利を得るが、海神ポセイドンの怒りを買ってしまい、二十年間も地中海を彷徨《さまよ》うことになる。ようやく母国に帰りついたユリシーズは、既に老い、臣下の英雄たちも旅の途中で死に絶えていた。1833年、学生時代からの親友を失ったテニスンは、ユリシーズの老境に自分を重ねてこの詩を詠んだ。ユリシーズは過去の戦いを振り返った後、この詩を新たな船出への意志で締めくくる。

たしかに多くが奪われたが
残されたものも多い
昔日、大地と天を動かした我らの力強さは既にない
だが依然として我々は我々だ

我らの英雄的な心はひとつなのだ
時の流れと運命によって疲弊はすれど
意志は今も強固だ
努力を惜しまず、探し求め、見つけ出し、決して挫けぬ意志は
（アルフレッド・テニスン「ユリシーズ」）

これは引退を迫られているMの盟友ボンドへの呼びかけであると同時に、大英帝国の誇りと希望を代弁しているようにも聞こえる。
そして『００７ スカイフォール』を観た後、今回のボンド・ガールは他の誰でもない、七十七歳のMだったことがわかる。熟女ブームとはいえ、熟女すぎだよ！

第10章

リンカーンのユーモア

Lincoln's Humour

『リンカーン』
2012年、アメリカ
監督 スティーヴン・スピルバーグ
脚本 トニー・クシュナー

笑わないと死んでしまうリンカーン

スティーヴン・スピルバーグ監督の『リンカーン』（２０１２年）は奇妙な伝記映画だ。リンカーンといえば「人民の、人民による、人民のための政治」で有名なゲティスバーグの演説、それに奴隷解放宣言、そして暗殺だが、この映画には、そのどれも画面には登場しない。

描かれるのは、奴隷制を永久に禁止する合衆国憲法修正第十三条を下院議会で通過させるまでのほぼ一カ月の駆け引きだけなのだ。

「奴隷制もしくは自発的でない隷属は、アメリカ合衆国内およびその法が及ぶ如何なる場所でも、存在してはならない」

これを憲法に加えない限り、奴隷解放宣言も効力を持たない。しかし、憲法改正には上院・下院それぞれの議会の三分の二以上の賛成を必要とする。当時は南北戦争の最中で、北部連邦政府は奴隷廃止を求める共和党、南部連合は奴隷制存続を求める民主党に支配されていたが、北部の下院も三分の一の議席は民主党議員に占められていた。彼らの票を獲得するため、リンカーンはあらゆる手段を使う。閣僚のポストを約束したり、現金で買収したり。その裏工作ぶりは「正直エイブ」と渾名《あだな》された大統領のイメージとは正反対だ。

「コンパスは北を指すが、目的地までの間に沼地や砂漠があることは教えてくれない」

リンカーンは言う。奴隷解放という理想はあっても、その実現には、困難を突破する具体的な策と実行力が必要なのだ。

……という『リンカーン』の本筋の部分は映画を観てもらうとして、ここではリンカーンの「言葉」、彼が劇中で何度も口にするジョークについて考えてみる。

映画は、ゲティスバーグの演説の直後、若き黒人兵とリンカーン（ダニエル・デイ＝ルイス）の会話から始まる。彼は南部の農園から脱走し、北軍に身を投じて自由のために戦う元奴隷だ。これからは好きな職業に就ける。床屋はどうだろう、という話になって、リンカーンは言う。

「私の髪をうまく切ってくれる床屋はいないよ」

「そういえば、大統領閣下は、白人にしてはずいぶんくせっ毛ですね」

「こないだも理髪師が絶望して首をくくったよ」

リンカーンは、ごわごわした毛、落ちくぼんだ目、頬の大きなイボ、蜘蛛《くも》のように細長い手足をよく自虐的にジョークにした。

リンカーンは冗談が大好きだった。弁護士として田舎を回っていた頃、同行のメンバーにこう言った。

「目的地の町の手前に大きな川がある。橋がないから川の中を歩いて渡るしかない。服が濡れないように、脱いで馬の背に載せよう」

その指示にしたがって、全員がパンツ一丁になって、馬を牽《ひ》いて歩いたら、すぐに目的地の町に入ってしまった。パンツ一丁で。川があると嘘をついたリンカーンは笑い転げていたという。

リンカーンが語ったジョークは何冊もの本にまとめられているほど量が多い。彼は深刻な閣議の最中にも「こんな話を知ってるかね？」と小噺《こばなし》を始める。真面目に聞いているとナンセンスなオチがつくので、周囲の人々はうんざりしていたらしい。映画『リンカーン』の中でも、エドウィン・スタントン陸軍長官（ブルース・マッギル）が、

「大統領の長話を聞いてる暇はないんです！」

と怒鳴って出て行ってしまう場面がある。それでも、リンカーンは話をやめない。

「独立戦争の英雄イーサン・アレンが、戦後、ビジネスの交渉をしにイギリスを訪れたんだ。行く先々で英国人は新生国家アメリカの使いを田舎者扱いしてバカにした。アレンがある貴族の邸宅で食事に招かれたとき、トイレに行くと、そこには初代大統領ジョージ・

ワシントンの肖像が飾ってあった。それは貴族のイタズラだったが、用を足してから席に戻ったアレンの平静ぶりを見て、貴族はがっかりして、『アレン君、ワシントンの肖像に気づいたかね？』と尋ねた。『どこに飾ってあった？　独立戦争の名将にふさわしい場所だったかね？』アレンは答えた。『ええ。ワシントンに睨《にら》まれれば、英国人もクソを漏らしやすいでしょうから』」

伝えられるリンカーンのジョークには下ネタが多い。リンカーンは北軍の最高司令官だったジョージ・マクレラン将軍の判断力のなさに失望していた。ある日、将校用の簡易トイレを作っていた兵士がリンカーンに「穴はひとつにしますか？　ふたつにしますか？」と尋ねた。リンカーンは「ひとつにしてくれ」と言った。

「ふたつにすると優柔不断のマクレランはどっちにすればいいか迷っているうちに漏らしてしまうからな」

大統領のジョーク好きに手を焼いたエドウィン・スタントン陸軍長官は、

「あなたはどうして、いつもジョークばかり言ってるんですか？」

と尋ねたことがある。リンカーンはこう答えたという。

「笑わないと死んでしまうからだよ」

それはジョークではなく、本当に彼は笑わないと死ぬ病気だった。

貧困、病弱、不幸な結婚

ジョシュア・ウルフ・シェンク著『リンカーン――うつ病を糧に偉大さを鍛え上げた大統領』（06年）によると、リンカーンは生涯、鬱病と闘ってきた。自殺をしようと銃を持って森に入り、通りかかった人に止められたこともあった。

シェンクによるとリンカーンの鬱はまず遺伝的なもので、両親の家系がともに鬱病の傾向が強かった。父は飲酒どころかダンスも罪と考える厳格なキリスト教徒で、ユーモアのセンスに欠けていた。母はいつも悲しげな女性だったという。

健康でもなかった。リンカーンは人並み外れて手足が長く、それを利用して賭けレスリングで稼いだこともあったが、現在では身体の結合組織に影響する遺伝子疾患のマルファン症候群という先天性の病気だった可能性が高い。また、晩年、声が非常に甲高くなったが、それも甲状腺腫瘍のためらしい。そのせいか常に病気がちだった。

生い立ちも幸福ではなかった。周知の通り、リンカーンは開拓地の丸太小屋で貧しく育ち、何マイルも歩いて学校に通ったが、農作業や日々の生活に追われて、通算で一年間しか通学できず、代わりに借りた本を何度も読んで独学した。

九歳のときに母が死んで、彼は母のために棺を作った。母代わりだった二歳年上の姉も二十一歳で出産時に死亡した。

富豪の娘メアリー・トッドと結婚したが、結婚式の日、リンカーンは思わず「地獄行きだ」と漏らしたという。その予感は的中した。メアリーは、暖炉にくべる薪の量が少ないと言っては薪でリンカーンを殴った。買ってきた肉が違うと言われて妻に殴られたリンカーンは口の中を切った。リンカーンの個人秘書ジョン・ヘイはメアリーを「ヘルキャット(地獄の猫)」と呼んだ。映画『リンカーン』でガミガミとうるさい大統領夫人を演じるサリー・フィールドは、その容貌も含めて、映画史上最も完璧なメアリー・リンカーンだといわれている。

リンカーンの友人で伝記作家のウィリアム・ハーンドンはふたりの結婚生活を「家庭内地獄」と呼んだが、リンカーン自身は「結婚は天国でも地獄でもないさ」と言っている。

「煉獄《れんごく》だよ」

リンカーン夫妻には四人の息子ができたが、二人を子どものうちに亡くした。その悲しみからメアリーは浪費癖がひどくなった。リンカーンの死後、メアリーの狂気は加速し、ついには精神病院に収監された。歴史家たちは彼女を「史上最悪の大統領夫人」にランクした。

だが最近、メアリーのヒステリーは夫の愛がなかったからでは？　という説も有力だ。数々の証拠がリンカーンがバイセクシュアルだったことを示しており、特にボディガードだったデヴィッド・デリクソンが恋人だったといわれている。

と、いくら書いてもキリがないほど苦難の連続だったリンカーンの人生を見れば、彼が奴隷という不遇な被害者たちに共感を寄せた理由がよくわかる。また、リンカーンは、幼い頃からジョーク・ブックを愛読していた。ナンセンスな笑いだけが彼を救ってくれた。

それは『リンカーン』の監督スピルバーグと似ている。彼の映画『ＪＡＷＳ／ジョーズ』（75年）、『ジュラシック・パーク』（93年）、『シンドラーのリスト』（93年）、『プライベート・ライアン』（98年）、『宇宙戦争』（05年）、『ミュンヘン』（05年）では血みどろの残虐シーンが笑えるギャグと背中合わせになっていて、観客を戸惑わせる。そのことを筆者がインタビューで尋ねるとスピルバーグは「僕は人一倍怖がりで暴力が苦手だ」と答えた。

「だからこそ笑うしかない。それが恐怖への対処法なんだよ」

リンカーンのジョークで筆者がいちばん好きで、彼の人柄がよく出ているのは、こんな話だ。ある天気のいい日、リンカーンは知人にこう言った。

「今日はレースには最高の日だね！」

レースって、どの競走（レース）？　どの人種（レース）？　と尋ねられたリンカーンは答えた。

「ヒューマン・レース（人類）さ！」

第11章

そこに連れて行くよ

I'll Take You There.

『ソウルガールズ』
2012年、オーストラリア
監督 ウェイン・ブレア
脚本 キース・トンプソン、トニー・ブリッグス

アボリジニのソウルを歌う

オーストラリアの先住民、いわゆるアボリジニの劇作家でテレビプロデューサーのトニー・ブリッグスは、ある日、自宅で母ローレルとテレビを観ていた。1960年代のベトナム戦争の記録フィルムが流れると、母親がボソッとつぶやいた。

「懐かしいわー」

母は叔母たちと一緒に昔、サファイアズというコーラス・グループを組んでいて、米軍の慰問団としてベトナムの戦場に行ったというのだ。トニー・ブリッグスは当時のことを母親から根掘り葉掘り聞き出した。彼はそれを『ザ・サファイアズ』というミュージカルとして2004年に上演し、数々の賞を受賞し、2012年には『ソウルガールズ』(ウェイン・ブレア監督)という映画になった。

映画は、先住民の三姉妹、ゲイル(デボラ・メイルマン)、ジュリー(ジェシカ・マーボイ)、シンシア(ミランダ・タプセル)と姉妹のいとこケイ(シャリ・セベンス)の物語になっている。彼女たちは歌手を目指し、地元の素人のど自慢大会に出場する。ゲイルたちが舞台に立つと全員白人の観客は冷たい。時は1968年。その前年の国民投票で先住民は正式なオーストラリア国民としてやっと認められたが、差別は根強かった。

しかし伴奏のピアノを弾いていた酔っぱらいのアイルランド人デイヴ（クリス・オダウド）だけはゲイルたちの才能を見抜き、マネージャーになる。そして、米軍が戦地慰問のためのミュージシャンを募集していることを知り、オーディションに挑戦する。

ただ困ったことに、ゲイルたちはカントリーしか歌ったことがない。デイヴは言う。

「今、アメリカの兵隊たちが求めている音楽はそれじゃない！　ソウルだ！」

実際、アメリカではソウル・ミュージックが大ブームだった。また、米兵にはアフリカ系も多い。ところが、オーストラリアにはまだソウルは浸透していなかった。ゲイルたちは先住民の音楽も歌うが、それはハワイアンみたいにのんびりしたもので、とてもアメリカ兵を喜ばせることはできない。

「君たちに、ソウルを教えてやる！」

デイヴのソウル特訓が始まる。レコードを聴かせると、歌の上手いゲイルたちは綺麗にそれをコピーできる。でも綺麗すぎる。

「もっと黒く歌えないか？」

そう言われてもキョトンとするだけの四人に、デイヴは必死にソウルの魂を説明する。

「カントリーもソウルも喪失について歌っている。違うのは、カントリーはあきらめて、ただ嘆くだけだが、ソウルはなんとかして失ったものを取り返そうとする。決してあきらめないんだ」

　実際、ソウル・ミュージックは黒人の人権運動と深く結びついていた。南北戦争で奴隷が解放された後も、南部各州では黒人の選挙権は奪われ、人種隔離政策が百年近く続いていた。バスの座席も、公園のベンチも、学校もレストランも、黒人用と白人用に分けられ、異人種間の平等を訴えること自体が法律で禁じられていた。

　しかし1955年から、ジョージア州アトランタ出身の若き牧師マーティン・ルーサー・キング・ジュニアが、平等と選挙権を求めてデモを展開した。警官隊は彼らを殴り、ホースで水をかけ、犬をけしかけ、時には射殺した。しかしキング牧師たちは無抵抗だった。白人たちの暴力はテレビニュースで全米、いや全世界に放送され、ついにアメリカ連邦議会は、南部の人種隔離を違法とし、黒人に選挙権を保障する公民権法・投票権法を立法した。黒人たち自身が血を流して自分たちの権利を勝ち取ったのだ。

　それと同時にモータウンを中心にソウル・ミュージックが人種を超えてブレイクした。公民権運動のなかで、アフリカ系歌手たちは人種の誇りと団結と希望を歌った。オーティス・レディングは「僕が欲しいのは人間としてのリスペクトだ」と歌い、ジェームズ・ブラウンは「俺は黒人で、それを誇りに思う」と歌った。

約束の地

オーストラリアの先住民も、アメリカの黒人以上に何もかも奪われてきた。18世紀、英国人が入植したとき、五十万人以上いた先住民は、虐殺や疫病によって1920年にはわずか七万人に減少した。

またオーストラリア政府は1869年から1969年までの百年間にわたって、先住民の子どもたちを無理やり親と引き離し、寄宿舎に収容したり、白人家庭に里子に出したりした。彼らは生みの親も知らずに、白人文化だけを教えられた。これは先住民の文化を根絶やしにすることが目的だった。『ザ・サファイアズ』でも、いとこのケイは幼い頃に政府の役人に誘拐され、白人家庭で育てられていた。

サファイアズは、そんな悲しい歴史を歌声に込めて、黒人音楽のソウルを摑《つか》んでいく。

「僕はアイルランド人だけど、アイルランドでは黒人音楽は本当に人気があるんだ」

デイヴ役のクリス・オダウドはインタビューでこう言っている。

「アイルランドもイギリスに長い間支配されて、土地を奪われ、奴隷のように暮らしていたからね」

オーストラリア先住民とアイルランド人とアフリカ系アメリカ人の魂が音楽を通じて結ばれていく。

デイヴが画面に登場したときのテーマ曲として使われているのはサム&デイヴの大ヒット曲『ソウルマン』。これは1967年にデトロイトで起こった黒人たちの暴動をきっかけに書かれた。街じゅうの店が襲われたが、店のウィンドウに大きく「SOUL」と書いておけば、白人の店でも破壊されずにすんだ。その話を聞いた作曲家のアイザック・ヘイズは感動して、「安心しろ。俺はソウルマン、魂の男だから」という歌詞を作った。

デイヴは、サファイアズに、ザ・ステイプル・シンガーズの『アイル・テイク・ユー・ゼア』を教える。実はこの歌は72年リリースだから、68年当時は存在しなかった。でも、この歌はとても重要なのだ。

そこに行けば
泣くことはない
怯《おび》えることもない

人種について笑顔で嘘をつく者もいない
さあ、私を手伝って
あなたたちをそこに連れて行くから

（ザ・ステイプル・シンガーズ『アイル・テイク・ユー・ゼア』）

ゴスペル調のコール＆レスポンスで「人種で搾取されない土地に君たちを連れて行く」と唱えるこの歌は、68年4月3日にキング牧師がテネシー州メンフィスで演説した言葉を基にしている。

「私は長くは生きないだろう。しかし私は気にしない。神の意志に従うだけだ。神のおかげで私はこの世界を見渡すことができた。そして、約束の地を見つけた。私は生きているうちにそこには行けないだろう。しかし、我ら同胞は、必ずや、約束の地にたどり着けるはずだ！」

この演説の翌日、キング牧師は暗殺された。『アイル・テイク・ユー・ゼア』は死してなお、人々を約束の地に導こうとする彼の遺志を歌っている。

『ザ・サファイアズ』で、キング牧師の暗殺のニュースをテレビで観たオーストラリアの先住民たちが涙にくれる場面がある。キング牧師の闘いは、世界中の虐げられた人々に希望を与えたのだ。

デイヴの言う通り、ソウルはポジティヴだ。「待ってろ。今、行くから。もう心配はいらないぜ」と歌うサム＆デイヴのヒット曲『ホールド・オン』は威勢のいいことこのうえない。でも、本当はこの歌、ツアー先のホテルで作曲家のデヴィッド・ポーターがトイレで踏ん張っていたところ、アイザック・ヘイズから「早くしないと遅れるぞ！」と急《せ》かされて、「待ってろ、今、行くから！」と答えたら、そのフレーズが気に入って歌になったんだと。えーっ、そんなしょうもない！

第12章

貴様らが我々を騙すなら、
我々も貴様らを騙す

Lie to us, we'll lie to you.

『ザ・イースト』

2013年、アメリカ／イギリス
監督　ザル・バトマングリ
脚本　ザル・バトマングリ、
　　　ブリット・マーリング

フード・レスキュー

1890年代、十代だったジャック・ロンドンは貨物列車の荷台に無賃乗車をして全米各地を放浪した。彼のような人々を「ホーボー（Hobo）」と呼ぶ。

ホーボーは収穫時の農家などの臨時雇いをして暮らした。1930年代の大恐慌時代にはそれが激増した。ジョン・スタインベックの『二十日鼠《はつかねずみ》と人間』（37年）に描かれたとおりだ。なかには、単に職を求めた放浪者だけでなく、金や家には困っていないのに、あえて魂の自由を求めてホーボー生活に身を投じた人々もいた。ロンドンが出会ったホーボーの師匠ナンバーワンこと作家レオン・レイ・リヴィングストンなどもそうだった。

ロンドンのホーボー体験をまとめた『アメリカ浮浪記（The Road）』（1907年）に憧れたジャック・ケルアックは、1946年から47年にかけて全米を車で旅し、その体験を『路上（On The Road）』（57年）という小説として発表した。『路上』は自由を求める若者たちのバイブルとして熱狂的に読まれ、60年代カウンター・カルチャーの起爆剤のひとつになった。

ホーボーは今もいる。映画『ザ・イースト』（ザル・バトマングリ監督、2013年）のヒロイン、サラ（ブリット・マーリング）は、貨物列車の荷台に飛び移ろうとして、既に乗っていたホーボーたちに引き上げられる。ホーボー仲間は、ダンプスター（大型ゴミコンテナ）を漁《あさ》って拾ったピザをサラに食べさせる。これは単に食費の節約ではない。ダンプスター・ダイビングという「政治運動」なのだ。

現在、欧米や日本などの先進国では、食料全体のうち約半分がゴミとして捨てられている。その一方で世界には飢えて死んでいく子どもたちが年間五百万人いる。この不条理を告発し、少しでも食料の無駄をなくそうと考える人々はゴミ箱を漁り、いかに無駄に食べ物が捨てられているかを調査し、ネットなどで発表し、さらにそれを食べて生活している。

食べられるものが捨てられる原因のひとつは「賞味期限」だ。「賞味期限」は「最もおいしく食べられる期限」であって「消費期限」つまり、「安全期限」ではない。過ぎたところで食品衛生上何の問題もないのだが、一般消費者もスーパーもそれを過ぎると捨ててしまう。さらにスーパーなどでは、毎日新しい野菜や果物が入荷され、前日の売れ残りの多くは捨てられる。

食料廃棄は消費の段階だけでなく、流通段階や産地でも起こっている。輸送の過程で外側が汚れたり傷んだりした食品は、中身に問題がなくても店頭から排除されて捨てられる。また、産地では野菜や果物は小さすぎても大きすぎても弾かれる。味や栄養には問題なくても、だ。たとえば、キュウリはまっすぐなものしか出荷されずに捨てられる。曲がっているとに並べにくい、パックに入りにくい、それだけの理由で。

この許しがたい無駄への抗議として、正価の食品を買わず、賞味期限切れやキズモノを安く買ったり、産地で捨てられる野菜などを食べることをフード・レスキュー(食料救済)と呼び、それで生活する人々を「フリーガン(Freegan)」と呼ぶ。

「目には目を」のエコ・テロリスト

『ザ・イースト』の主演女優ブリット・マーリングは、監督のザル・バトマングリと共にこの映画の脚本を書いている。マーリングは監督マイク・ケイヒルと脚本を書いた『アナザー プラネット』(11年)で注目された。太陽を挟んで地球の反対側にある地球そっくりの惑星、アナザー・アースをめぐる物語。題材そのものはSFとしては珍しくない。

ところが、マーリングの脚本は、女性ならではのメロドラマを絡めていく。マーリング扮するヒロイン、ローダは交通事故で母子を死なせてしまう。交通刑務所で刑期を終えたものの、罪の意識は消えない。そこで、身元を隠して妻子を失った男の家事手伝いをするのだが、そのうちに彼と恋に落ちて関係を持ってしまう。その後、彼は彼女が自分の妻子を死なせた加害者だと知り、彼女を責める。絶望のどん底でローダはアナザー・アース行き探査船に乗るくじに当たり……。

続いてマーリングは『サウンド・オブ・マイ・ヴォイス』（11年）でも脚本をバトマング リ監督と共同執筆した。マーリングの役は反社会的カルト宗教の教祖。主人公は男女のジャーナリストで、ノンフィクションを書くために、そのカルト教団に潜入する。教祖は未来世界からタイムスリップしてきたと称するが、彼女の言うことは失笑もの。主人公たちは最初、教祖をバカにしていたが、いつの間にか彼女に洗脳され……。

この「潜入」というテーマは、この『ザ・イースト』にも引き継がれる。ヒロインのサラは、実は民間調査組織の捜査員であり、フリーガンを通して最も過激なエコロジスト集団、「ザ・イースト」に潜入する使命だった。

ザ・イーストは、エコ・テロリストである。たとえば工場廃液で河川を汚染する企業の社長を誘拐して、汚濁した川に放り込む。エコ・テロリストとして日本で知られているのは、捕鯨船に体当たりしたりしたシー・シェパードだろう。

ザ・イーストのモデルになっているのは、ＥＬＦ（地球解放戦線）という実在のエコ・テロ組織だ。１９９６年から、オレゴン州の森林警備隊基地やコロラド州のスキー・リゾート開発地で、施設や車両、送電線が次々と放火、破壊され、ELFが、原生林を守るためだと犯行声明を出した。ELFは2003年、サンディエゴに建設中のコンドミニアムに放火して五千万ドルの被害を出した。犯行声明は「If you build it, we will burn it.（貴様らが建てるなら、我々は焼き払う）」。

この言葉はザ・イーストがインターネットで発表する、企業へのテロ予告に使われている。

「貴様らがどれだけ強大でも関係ない。我々は『目には目を』の方法で報復する。"Lie to us, we'll lie to you.（貴様らが我々を騙すなら、我々も貴様らを騙す）" "Spy on us, we'll spy on you.（貴様らが我々を監視するなら、我々も貴様らを監視する）" "Poison us, we'll poison you.（貴様らが我々に毒をばら撒くなら、我々も貴様らに毒を飲ませる）"」

政治的テロに対抗するのはCIAやFBIなどの国家機関だが、企業テロには企業が対抗するしかない。この映画では、課報機関のOBたちが企業テロ専門の民間課報組織を設立し、サラは、その組織のエージェントである。

ダンプスター・ダイビングはザ・イーストに入るためのイニシエーション（通過儀礼）だった。ザ・イーストのメンバーとして迎えられたサラは、彼らの次のテロの標的が、神経系を破壊する副作用のある新薬を売り出そうとする製薬会社だと知る。ザ・イーストはその経営者たちのパーティに入り込み、乾杯のシャンパンに密かに彼らの新薬を混入しようとする。その計画を知ったサラが、上司に報告すると「放っておけ」と言われる。「その製薬会社はわが社のクライアントではないから、彼らを救う義務はない。我々の目的は営利だ」

資本家側のスパイであるサラは、ザ・イーストの一員として彼らと生活を共にするうちに、彼らの思想に共感していき、その心は引き裂かれていく。さらに彼女は、ザ・イーストのカリスマ的リーダー（アレクサンダー・スカルスガルド）に女性として惹《ひ》かれてしまう……。そして彼らの過激な活動は悲劇を生み……。

『ザ・イースト』はエコ・テロリストを称賛も批判もせず、ただ、観客に判断を委ねる。

1995年から2013年までの十八年間で、アメリカ国内で起こったテロのうち、最も多い56パーセントは右翼過激派によるもの、次に多い30パーセントはエコ・テロリズムで、イスラム教過激派による12パーセントを上回っている。

第13章

時は征服できない

You cannot conquer Time.

『ビフォア・ミッドナイト』

2013年、アメリカ
監督　リチャード・リンクレイター
脚本　リチャード・リンクレイター、
　　　イーサン・ホーク、ジュリー・デルピー

十八年も続くラブ・ストーリー

「どうかしてると思うだろうけど、ウィーンで一緒に降りないか？」

ハンガリーのブダペストからパリに向かう列車の中で、アメリカ人学生ジェシー（イーサン・ホーク）は車内で会ったばかりのフランス人女子大生セリーヌ（ジュリー・デルピー）に言った。

「僕の飛行機は朝なんだけど、ホテルに泊まる金がないから夜通し歩くんだ。僕と一晩、過ごさないか？」

このバカげた誘いにセリーヌがうなずいて、映画『恋人までの距離《ディスタンス》』（95年）は始まる。このときはイーサン・ホークもジュリー・デルピー（ふたりとも当時二十四歳）も、監督のリチャード・リンクレイターも、これが十八年にわたるシリーズになるとは思ってもいなかったろう。

『恋人までの距離』の原題は「ビフォア・サンライズ（夜明け前）」。この九年後に続編『ビフォア・サンセット』（04年）が、さらに九年後の２０１３年、三作目『ビフォア・ミッドナイト』が公開された。

この三作にはどれもストーリーらしいストーリーがない。ジェシーとセリーヌが半日くらいの間、とりとめのない会話を続けるだけだ。その話題はとめどもなく横滑りしていく。歴史、文化、政治、科学、人生、セックス、そして愛について。

「僕も時々、良き父親、良き夫になりたいと思うこともある。でも、それじゃ人生がもったいないようにも感じるんだ」

ジェシーは、人生の入り口に立った二十四歳らしい心情を吐き出す。

セリーヌはもっとロマンチストだ。

「私はいつも、強くて自立した女性にならなきゃと思ってるけど、本当は、愛し、愛されることがいちばん大事なの。こう思うのよ。人がすることは全部、愛されたくてしてるんじゃないかって」

「僕は、人が愛するのはひとりじゃいられないからだと思う」。ジェシーはシニカルだ。

「だから、愛することは無私の精神だというけど、本当は自分のためじゃないかな」

ふたりはレコード店の狭い試聴室で、アメリカのシンガー・ソングライター、キャス・ブルームの「カム・ヒア」のビニール盤に針を落とす。ふたりの体は初めて密着する。

「こっちに来て／私に触れるのは不可能じゃないわ／まだあなたをそんなによく見てないわ／だからこっちに来て」

歌詞に反してふたりは黙って見つめ合うだけ。唇と唇は10センチも離れてないのに。その距離は、『第三の男』（キャロル・リード監督、49年）で有名な観覧車で夕陽を見たときにやっと縮まる。そして夜明けの公園でジェシーとセリーヌは肉体的に結ばれる。翌朝、ふたりは電話番号も交換せずに別れる。

『恋人までの距離』は、リンクレイターの実体験に基づいている。製作・監督・脚本すべてひとりでこなした自主映画『スラッカー』（91年）でデビューする前の89年、監督志望の貧乏な青年だったリンクレイターはニューヨークから自宅のあるテキサスに長距離バスで帰る途中、下車したフィラデルフィアのおもちゃ屋で二十歳前後の女性に会い、朝まで一緒に過ごした。

「キスしたかって？　うん。それ以上は言えないよ」

すれ違うふたり

ジェシーとセリーヌがウィーンを彷徨《さまよ》った一夜は6月16日。ジェイムズ・ジョイスの『ユリシーズ』で主人公レオポルド・ブルームがアイルランドのダブリンの街を彷徨った日と同じだ。ジェシーとセリーヌの会話は『ユリシーズ』の「意識の流れ」に近いものだった。『ユリシーズ』は英米で性描写のために発売禁止になったが、ジョイスが暮らしていたパリのシェイクスピア&カンパニーという書店から出版された。『恋人までの距離』の続編、『ビフォア・サンセット』はその書店から始まる。

あれから九年、ジェシーがセリーヌとの一夜を書いた小説がベストセラーになり、彼はシェイクスピア&カンパニーでサイン会をしていた。そこにセリーヌが訪れた。ふたりはセリーヌの住むパリを散歩する。その夜の便でジェシーはアメリカに帰らなければならないのだが。

ジェシーは既に結婚し、息子もいた。セリーヌも国際的フォト・ジャーナリストの恋人と暮らしていた。ジェシーは結婚した後もずっとセリーヌのことを忘れはしなかったと言う。

「僕らは、あのとき、なんで電話番号を交換しなかったんだろう」

「若いうちは、ひとつひとつの出会いを大事にしないからよ」

ふたりの考え方も九年分成長している。今回、セリフはリンクレイターとイーサン・ホーク、ジュリー・デルピーの共同作業で書かれ、それぞれの実人生と人生観が込められている。ホークはこの間に女優のユマ・サーマンと結婚し、実生活でも父になっていた。

ジェシーは妻との結婚生活が冷え切っていると告白する。

「なんで君とのことを本に書いたと思う？　サイン会で君に会うためだよ」

セリーヌは自宅で自作の歌を弾き語りする（デルピーの自作の歌でもある）。

「ワルツを歌わせて／あなたとの一夜のこと／あなたのことずっと夢見ていた／でもあなたは行ってしまった／遠くに行ってしまった／あなたにとっては一夜の出来事でも／私にとってはもっとその／なんて言ったらいいの／たとえ明日、他の誰かの腕に抱かれても／心はずっとあなたのもの」

歌に託したセリーヌの告白を聴いたジェシーは動けない。日が暮れるのに。セリーヌはおどけて歌う。

「あなた、飛行機に乗り遅れちゃうわよ」

そこで『ビフォア・サンセット』は終わる。ジェシーがアメリカに帰るかどうか観客にはわからない。この映画の公開直後、イーサン・ホークはユマ・サーマンと離婚した。

この世に魔法があるなら

この九年後を描く『ビフォア・ミッドナイト』で、ジェシーはセリーヌの歌を聴いて飛行機に乗るのをやめたことがわかる。ふたりは九年分の思いをぶつけて激しくお互いを求め、セリーヌは妊娠。ジェシーは妻と離婚した。

ジェシーはセリーヌと双子の娘ふたりとパリに住んで九年目、今はギリシアのペロポネソスで優雅に休暇を楽しんでいる。ホテルに一泊する金もなかった頃からすると大違いだ。前妻との間の息子は十四歳になり、父と一緒にギリシアで夏休みを過ごした。アメリカに帰る息子を飛行場で見送った後、帰りの車の中で、ジェシーは息子の住むシカゴで暮らしたいと言い出す。

「あいつは野球のやり方も知らないんだ。女の子みたいなボールの投げ方してたぞ。やっぱり父親が教えてやらないとダメなんだ」

「あなた、前の奥さんがいるシカゴに引っ越したいって言うの？　私も一緒に？　仕事を捨てて？」

フランスの政府機関に就職するつもりだったセリーヌは激怒する。この車内での口論は、後部座席で眠っていた幼い娘たちが目を覚ますところまで十五分間ワンショットの超ロングテイクだ。

ジェシーはセリーヌとの再会をまた小説に書き、それが売れたので、人気作家として頻繁に世界中を旅行するようになった。しかしセリーヌは……。

「私は毎朝六時に起きて朝食を作り、娘たちを小学校に届けて、出勤する。夕方、娘たちを拾って夕食を準備する。こんなのもう沢山！」

子育てに追われて夫婦の時間がなかったふたりは娘を友人夫婦に預けてホテルに泊まる。しかし、すぐにケンカが始まる。

「あなた、今の私が十八年前の列車に乗ってても、あのときみたいに声をかける？」

一瞬答えに躊躇《ちゅうちょ》したジェシーをセリーヌは責める。

「そうよね。子持ちで太った中年女ですからね」

四十二歳のジュリー・デルピーはほとんどノーメイクで、裸身すら晒《さら》して、十八年という年月をリアルに表現する。

せっかくホテルの部屋に入ってもケンカは止まらない。

「いつも家事に追われて、私がひとりきりで考えごとができるのはトイレに座ってるときだけよ。だから、何か考えると、ウンコの臭いを連想するようになっちゃったわ！」

これにはジェシーも思わず笑ってしまう。

「傑作だ。そのセリフ、次の本に使わせてもらうよ」

「また私から盗むのね！」

「落ち着いて。理性的になれよ」

「男はいつも、女は感情的で自分たちは理性的だと言うけど、男は理性的に何を決めた？　イラク戦争やユダヤ人虐殺よ！」

夫婦《めおと》漫才、いや夫婦喧嘩の果て、ふたりはついに言いたくなかったことを言ってしまう。ふたりはもうおしまいなのか？

ふたりは互いを生涯の伴侶と決め、十九年間も本音で話し合ってきた。何億もの言葉を交わしてきた。それでも相手を完璧に理解できるわけではない。

でも、『恋人までの距離』で既にセリーヌはこう言っている。

「理解しよう、分かち合おうとする努力が大切なの。もし、この世に魔法があるなら、そんな努力の中にあるんだと思うわ」

『ビフォア・ミッドナイト』公開後、リンクレイターは、エイミー・レアハウプトという女性の友人から手紙を受け取った。エイミーは二十四年前、リンクレイターとフィラデルフィアで一夜を過ごした女性だ。リンクレイターはその手紙で、エイミーが『恋人までの距離』公開の八カ月前にオートバイ事故で亡くなった事実を十八年目にして知った。『ビフォア・ミッドナイト』はエイミーに捧げられている。

『恋人までの距離』には、ジェシーがセリーヌとの別れを惜しんでW・H・オーデン（1907〜73年）の詩「As I walked out one Evening（或る晩、外を歩きながら）」を引用する場面がある。今、DVDで観直すと、若々しいイーサン・ホークに暗誦される詩は別の意味で響いてくる。

年月がウサギのように
逃げ去っても
僕はこの腕に
永遠の花を抱く
世界最初の愛のように

しかし街中《じゅう》の時計が
鐘を鳴らし始めた
時はごまかせないよ
時は征服できないよと

第 14 章

すべての探求は
最後に出発地点に戻り、
初めてそこだったと知るのだ

The end of all our exploring
Will be to arrive where we started
And know the place for the first time.

『あなたを抱きしめる日まで』
2013年、イギリス／アメリカ／フランス
監督 スティーヴン・フリアーズ
脚本 スティーヴ・クーガン、
ジェフ・ポープ

マグダレンのフィロミナ

2001年、イギリスの政治ジャーナリストのマーティン・シックススミスは、労働党のトニー・ブレア政権から政府の広報官に任命されたが、スキャンダルに巻き込まれて更迭された。シックススミスは物書きとして生活していくために本の題材を探していたが、政治について書く情熱を失っていた。そんなとき、フィロミナ・リーという当時七十一歳のアイルランド人女性の娘に出会った。「本の題材を探してるんですね？ 私の母が五十年前に生き別れた息子を捜しています。力になってもらえませんか」。それが大西洋を股にかけた旅の始まりだった。シックススミスは、まさか二つの国の政治と宗教の闇を暴くことになるとは、カケラも予想していなかった。

『あなたを抱きしめる日まで』（スティーヴン・フリアーズ監督、13年）は、マーティン・シックススミスが書いた『フィロミナ・リーの失われた子ども（原題）』というノンフィクションの映画化である。

「私はクリトリスというものを自分が持っていることすら知りませんでした」

フィロミナ（ジュディ・デンチ）はマーティン・シックススミス（スティーヴ・クーガン）にあっけらかんと語る。母のいないフィロミナは幼い頃からカトリックとして厳しくしつけられ、肉欲を罪として教えられてきた。ところが1951年、十八歳のフィロミナは、カーニバル（巡回遊園地）で出会った青年に処女を奪われた。セックスとは何か、まるで知らなかったからだ。

妊娠したフィロミナを、父親は恥じて、ショーン・ロス女子修道院に放り込んだ。それは、いわゆる「マグダレン修道院」のひとつだった。ダブリンのマグダレン修道院は1765年、未婚の母や娼婦など「淫らな女」とされた女性たちの「矯正」を始めた。同様の矯正院はアイルランドだけでなくイギリスにも作られた。

そこは監獄だった。女性たちは一切の外出を禁じられ、質素な制服以外着ることを許されず、朝から晩まで「罪を洗い清める」という名目で洗濯をさせられる（洗濯所として運営されている）。時には神父や修道女によって裸にされ、性的虐待を受ける。その地獄のような日々は、1950年代にマグダレン修道院で助産師として働いたジューン・ゴールディングという女性の回想録で暴かれ、2002年に『マグダレンの祈り』（ピーター・マラン監督）として映画化された。

マグダレンとはマグダラのマリアのことで、かつて娼婦だったがキリストに救われたといわれている。また、フィロミナとは、1802年にローマのキリスト教徒共同墓地から発見された十三歳の少女の遺体の名である。カトリックは聖フィロメナ（フィロミナ）の物語を作った。紀元3世紀頃、ローマ皇帝ディオクレティアヌスはキリスト教を激しく弾圧していたが、信徒の娘フィロメナに求婚した。だが彼女はそれを拒否し、鞭打たれ、錨《いかり》をつけて水に沈められ、弓矢で射られたが天使に守られて死なず、とうとう首をはねられた。フィロメナは聖母マリア、聖女アグネスと共にカトリックの処女信仰のシンボルであり続けた。

フィロミナは院内で息子アンソニー（ショーン・マーホン）を出産したが、三年後の1955年、ショーン・ロス女子修道院は、彼女に無理やり承諾させてアンソニーを養子に出してしまった。その行方は教えてくれない。その後、フィロミナは結婚し、子どもをもうけたが、アンソニーのことは決して忘れず、何度もショーン・ロス修道院を訪れたが、記録は既に破棄したと言われる。

マーティンは政治ジャーナリストとしての調査力を発揮して、アンソニーの行方を突き止める。裕福なアメリカ人のヘス夫妻に引き取られたことがわかると、マーティンとフィロミナは彼を追ってアメリカに渡る。

原作は全体の半分をアンソニーの生涯に費やしている。しかし、『あなたを抱きしめる日まで』の映画化権を買い、マーティンを演じたコメディアンのスティーヴ・クーガンは、マーティンとフィロミナのロードムービーに脚色した。頭の固い、無神論者の政治ジャーナリストと、ロマンチストで、神を信じ続ける少女のようなお婆ちゃんとのおかしな珍道中だ。

「アメリカの食事って量が多いでしょ。アンソニーが心配よ。おでぶちゃんになってないかしら」

アンソニーは「マイケル・ヘス」として成長し、女性なら誰もが憧れるハンサムな弁護士になっていた。驚いたことに、マーティンは以前彼に会ったことがあった。彼がBBC（英国放送協会）の特派員としてワシントンに駐在していた80年代、マイケルはレーガン大統領の法律顧問だったのだ。

そして、悲しいことに、マイケルは1995年に既に亡くなっていた。死因はエイズだった。また、彼はゲイだった。

子どもの頃のマイケルは男性的ではなかったので、養父は彼に厳しく冷たかった。ここは自分の居場所ではない、という気持ちに苛《さいな》まれてマイケルは育った。レーガンの法律顧問になっても同じだった。

神はそこにいた

レーガンが大統領に就任した直後、81年頃からエイズの死者は急増し続け、任期終わりの88年の年間死者数は一万六千人を超えた。ところがレーガンはまったく対策を講じなかった。その理由は今も明確ではない。しかし、レーガンを選挙で圧勝させたキリスト教福音派の指導者ジェリー・フォルウェル牧師は、「エイズはゲイに対する神の裁きだ」と言っており、同じ考えが共和党右派を支配していたからだといわれる。

性に対する不寛容で母と引き裂かれたマイケルは、海を渡ったアメリカでも不寛容に苦しめられた。共和党の中で、マイケルはゲイである自分を隠し、偽り続けた。彼がゲイである事実を知る人たちからは「裏切り者」と呼ばれた。実際板挟みに苦しむマイケルは恋人に八つ当たりし、苦痛を伴うハードSMに溺れるようになった。その結果、彼もエイズを発症した。

生涯、自分の居場所を探していたマイケルは、ショーン・ロス女子修道院を訪れ、産みの母に会おうとした。もちろん、フィロミナも息子の行方を求めて修道院を訪ねていたが、責任者であるシスター・ヒルデガード（バーバラ・ジェフォード）は、この母子に互いの情報を与えなかった。なぜ？　彼女の真意はわからない。マイケルと同じ95年に他界したからだ。映画の劇中では彼女は存命しており、追及されて「肉欲に負けた罰よ！」と叫ぶ。マイケルの最後の希望は聞き入れられた。ショーン・ロス女子修道院の墓地に彼の遺体は葬られた。捜していたものは足元にあったのだ。

それを知ったマーティンは自らをカトリックだと規定したT・S・エリオットの「四つの四重奏」を引用する。

私たちは探求を止めはしない
すべての探求は最後に
出発地点に戻り、
初めてそこだったと知るのだ

政治にも宗教にも絶望したマーティンは「カトリック糞くらえ！」とフィロミナに叫ぶ。

「神なんかいないんだ。この現実を見ても、あんたは信じるのか？」

するとフィロミナは「ヨハネによる福音書」からキリストの言葉を引用する。

「あなたは私を見たので信じたのか。見ないで信じる者は幸いである」

「それはまさに盲信だ」

しかもフィロミナは、修道院の仕打ちを赦《ゆる》すと言う。

「怒りの中で生きたくないから」

そう言って微笑むフィロミナにこそ、マーティンは神を見たに違いない。ずっと求めて得られなかったものは最初から、すぐそばにあったのだ。

１９９０年、アイルランドに史上初の女性大統領が誕生し、96年にマグダレン矯正院は二百年の呪われた歴史を閉じた。引き裂かれた数万の母子は互いの行方を知らない。アイルランドでは２０１３年の法改正で、母体が危険な場合に限って人工中絶が許されることになった。

第15章

あんなに短かった愛なのに、永遠に忘れられない

Love is so short, forgetting is so long.

『物語る私たち』
2012年、カナダ
監督 サラ・ポーリー
脚本 サラ・ポーリー

サラ・ポーリーの父親探し

カナダの女優サラ・ポーリーにインタビューしたのは『ドーン・オブ・ザ・デッド』（ザック・スナイダー監督、04年）の撮影現場だった。それはジョージ・A・ロメロ監督の古典『ゾンビ』（78年）のリメイク作品のシーンで、トロントのショッピングモールで、生き残りの人々が籠城するシーンを撮影していた。

ポーリーは他の女優とはちょっと違う。社会活動家としても知られ、環境汚染やグローバライゼーションに反対するデモに参加して機動隊に殴られたり、逮捕されたりもした。その彼女がモールでゾンビと戦う？

「GAPやアバクロンビーの看板にゾンビの脳みそをぶちまけてやりたいからよ」

そう言ってポーリーが笑うと歯茎《ガム》がむき出しになった。英語で「ガミー・スマイル」という。そのときは、それが彼女の人生にとって大きな問題だとは知らなかった。

サラ・ポーリーはその後、女優よりも映画作家へとシフトし、『アウェイ・フロム・ハー／君を想う』（06年）で監督としての評価を確立した。

2012年の監督作『物語る私たち』は彼女自身の母についてのドキュメンタリーだった。原題は『Stories We Tell（私たちが語る物語）』といい、その言葉はアリス・マンローと並んでカナダを代表する女性作家マーガレット・アトウッドの小説『またの名をグレイス（原題：Alias Grace）』（96年）の一節に影響されている。

物語の最中にいる者にとって、それはまだ物語ではなく、ただの混沌《こんとん》にすぎない……すべてが終わった後、あなたが自分に、または他の誰かに語るとき、それは物語になるのだ。

『物語る私たち』は、サラ・ポーリーが自分の本当の父を探すドキュメンタリーだ。母ダイアンは女優で、サラが十一歳のときに他界した。しかし、サラは他の兄姉《きょうだい》に似ていなかった。幼い頃はサラだけ赤毛だったし、サラのようなガミー・スマイルは親戚の誰にもいない。

「サラだけ父親が違うんじゃない？」

そんなジョークが兄姉の間でよく交わされた。だが成長したサラは母の友人たちに会って、母の秘密の恋について聞き込みを始める。この『物語る私たち』は探偵サラ・ポーリーが本当の父を探すミステリでもある。

母ダイアンは陽気で情熱的で自由奔放な女性だった。最初の夫との間にふたりの子どもがありながら、俳優だったサラの父マイケルと不倫の末に結婚した。60年代のカナダでは、まだ、そんな女性は珍しかった。

結婚した後、マイケルは俳優を辞めて保険会社で地道に働き始めた。ダイアンも二度目の結婚で生まれたふたりの子育てに専念するが、彼女のエネルギーは専業主婦には収まらなかった。とうとう芝居へのカムバックを決め、モントリオールでの公演の間、家族と離れて暮らした。その後、家に戻り、サラを産んだ。

サラは自分の生物学上の父親を突き止める。彼女のガミー・スマイルの遺伝的源流も知る。そして、サラを血のつながった娘だと信じている父マイケルに真実を伝えるかどうかで悩む。マイケルは生涯、ただ妻ダイアンだけを愛した。彼は、妻が亡くなった後、男手ひとつでサラを育てた。サラとマイケルの結びつきは強かった。サラはマイケルから与えられた8ミリカメラで映画作りを始めた。豊かな文学的素養も、マイケルから譲り受けたものだった。

結局、真実を知らされたマイケルは、当然、大変なショックを受けるが、映画の終わり近くでダイアンについて、こんな言葉をつぶやく。

「あんなに短かった愛なのに、永遠に忘れられない」

それは、パブロ・ネルーダの詩集『二〇の愛の詩と一つの絶望の歌』からの引用だ。

ネルーダはチリの国民的詩人で、大統領候補に推されたこともある。１９７０年に選挙で社会主義政権が成立すると、ネルーダは駐仏大使に任命され、71年にはノーベル文学賞を受賞した。しかし73年、アメリカに支援されたピノチェト将軍率いる軍部がクーデターを起こし、武力で政権を奪った。混乱の中でネルーダも死亡した。死因はがんとされたが、軍による暗殺を疑う人も多い。彼が遺《のこ》した沢山の愛の詩は、今も全世界で愛され続けている。

「人生は氷山と同じなの」

２０１４年5月、『ネルーダ事件』（宮崎真紀訳、早川書房）が邦訳された。チリの作家ロベルト・アンプエロによる私立探偵カジェタノを主人公にしたシリーズの六作目で、クーデター直前の73年、カジェタノが探偵稼業を始めたきっかけが明かされる。カジェタノはがんの治療でチリに戻ったネルーダからある医師を捜してほしいと依頼される。

この『ネルーダ事件』は偶然にも、『物語る私たち』と非常によく似ている。ネルーダについて何も知らなかったカジェタノは、調査するうちにネルーダの愛の遍歴を知っていく。東南アジアで恋人を捨てようとして彼女にナイフで刺されそうになった。最初の妻と水頭症の娘をナチスに占領されるオランダに置いて逃げた。二十歳も年上のアルゼンチン人の富豪の女性と金目当てで再婚した。彼女を利用した後、セクシーな歌手マティルデと三度目の結婚をしたが、七十歳近くでがんを抱える現在も、妻の姪《めい》と愛人関係にある。ネルーダが医師を捜す理由は、その医師の妻ベアトリスと関係があったからで、医師の娘の本当の父親が自分であることを確かめたかったのだ。

カジェタノはネルーダに、探偵稼業の勉強になるからとジョルジュ・シムノンの「メグレ警視」シリーズを読まされる。シムノンもまた生涯に一万人以上の女性と性的関係を持ち、そのうち八千人が娼婦だったといわれている。

世界から愛される詩人の実像に失望を隠せない新米探偵に、かつてネルーダを愛したベアトリスはこう言う。

「人生は氷山とおなじなの、カジェタノ。大事な部分は目に見えない」

著者アンプエロは1953年生まれで、子どもの頃、ネルーダの家の近所に住んでいたが、クーデターで国外に亡命した。彼は『ネルーダ事件』でネルーダの「偉大さと卑劣さ、誠意と裏切り」を書きたかったという。ネルーダは「自己矛盾を抱えた男だった」が、彼の芸術は「その光と影から」生まれたものだと。ベアトリスはアンプエロが創作した人物だが、その名はおそらくネルーダがこだわるダンテの『神曲』から取られている。地獄に落ちた詩人ダンテを天国へと救い上げる、永遠の恋人ベアトリーチェから。

『物語る私たち』のサラも、母の「影」を探偵するが、最後には、サラの母への愛、父への愛、そして父の妻への愛の物語として終わる。『ネルーダ事件』のベアトリスはこうも言う。

「ある意味、人は誰もが愛から生まれるのよ。成就した愛にしろ、消えた愛にしろ」

第16章

イケてる女

The Cool Girl

『ゴーン・ガール』

2014年、アメリカ

監督 デヴィッド・フィンチャー

脚本 ギリアン・フリン

女たちの本音が炸裂

何年か前、ＡＫＢ48メンバーの誰かの部屋がテレビに映って、本棚に『映画秘宝』（洋泉社）があったらしい。『映画秘宝』は編集者時代の筆者が１９９５年に創刊した雑誌で、コンセプトは「日本で唯一の男泣き映画雑誌」。表紙は機関銃を構えたシルヴェスター・スタローンや筋肉モリモリのブルース・リー、またはおっぱいボイーンの美女ばかり。特集は格闘技、銃、自動車、または怪獣。ガキどもがガラクタを隠した秘密基地みたいな雑誌である。

それがなぜアイドルの部屋に？　とボンクラ男子たちを喜ばせた。彼女なら俺たちのことをわかってくれるかも、と。でも、筆者は「男の影響でしょ」とツイートしてしまった。たちまち大炎上。「私は女ですが、別に彼氏と無関係にブルース・リーが好きで『映画秘宝』読んでます」「女には自分の意志がないとでも思ってるんですか？　町山さんにはガッカリしました」

ペコペコ謝って火消ししたけれど、今は「男の夢」とか「男らしい」とか、うっかり書けない世の中になったと実感した。

デヴィッド・フィンチャー監督も『ファイト・クラブ』（99年）で「ホモソーシャルなミ

ソジニスト（女嫌い）」とさんざん叩かれた。なにしろ男たちが「殴り合ったことのない奴らに何がわかるか」と言いながら裸で格闘し、「女は俺たちの求めるものを与えてくれない」とぼやくのだから。

そのフィンチャーが『ゴーン・ガール』（14年）を映画化するなんて！　『ゴーン・ガール』の原作はギリアン・フリンという女性作家のミステリだが、男性が聞きたくない、女性の本音をぶちまけたイヤミス（後味の嫌なミステリ）と評判の小説だ。

バーの経営者でもある短大講師ニック（ベン・アフレック）の妻エイミー（ロザムンド・パイク）が行方不明になる。家のドアは開いており、コーヒーテーブルがひっくり返っている。誘拐か？　ハンサムなニックは世間の同情を集める。

しかし、それと並行して、妻エイミーの日記の中身が描かれる。ニックと出会い、恋に落ちて結婚する。ところが夫は彼女が思ったような男ではなかった。ロクに働かない。酒ばかり飲む。短大の女子学生に手をつける。しまいには妻に暴力を振るう。

警察は現場検証で、キッチンの床に大量の血液を拭きとった跡を発見する。妻エイミーは殺されたのではないか？　さらに夫ニックはクレジットカードで多額の負債を抱えており、妻に莫大な生命保険をかけていた……。

悲劇の主人公だった夫こそが実は妻殺しの犯人ではないか？　1981年におきた三浦和義事件に似ているが、作者ギリアン・フリンは、2002年にカリフォルニアで起こった人妻失踪事件にヒントを得たらしい。スコット・ピーターソンというベン・アフレックをもっとハンサムにしたような夫が、妻が行方不明になったと警察に通報したが、彼に愛人がいたことが判明。妊娠した妻が邪魔になって殺した罪で死刑宣告を受けた。

しかし、『ゴーン・ガール』はそんな単純な話ではない。邦訳では下巻の始めに大ドンデン返しがある。

男たちが求める「イケてる女」

妻エイミーは日記に「クール・ガール（イケてる女）」について書いている。この長いモノローグは、女性読者から「私たちの本音を絶妙に言葉にしてくれた」と共感を集めた。エイミーは夫ニックと初めて会ったときから、ニックのような男が求める「イケてる女」を演じてきたのだという。以下、ちょっと長いが引用する（訳は筆者）。

男たちはいつだってほめ言葉として言うわよね？　「彼女は『イケてる女』だ」って。

つまり、セクシーで、明るくて、ジョークがわかって、フットボールやポーカーや下ネタやゲップも嫌がらない女。ビデオ・ゲームで遊んで、安いビールを飲んで、3Pもアナル・セックスも好きで、まるで世界大食い乱交パーティのホストみたいにホットドッグやハンバーガーを口に押し込んでおきながら、服のサイズはMをキープする女。だって「イケてる女」はセクシー以上の存在だから。セクシーなだけじゃなくて、男に理解があるってこと。「イケてる女」は決して怒らない。残念そうに愛情込めて微笑むだけで、男たちに好きなようにさせてくれる。「どうぞ、踏みにじっていいのよ。私は気にしない。だって『イケてる女』だから」

フットボールの部分は日本ならサッカーや野球になるだろう。こんな女性が実在すると信じている男は「男と女のことなどまるでわかってない男が脚本を書いた映画の観すぎ」とエイミーは言う。作者のフリンはウェブ雑誌『ヴァルチャー』のインタビューで、「イケてる女」という言葉がひらめいたのは、二十代の頃、映画館で『メリーに首ったけ』（ボビー・ファレリー／ピーター・ファレリー監督、98年）を観たときだと語っている。

「キャメロン・ディアスがヒロインでね、医師で、ハンバーガーが好きで、朝からゴルフして、デートでフットボール観に行くような、男が求めることなら何でもするの。ホットドッグ食べてビール飲むのよ。で、こう思ったわ。これが『イケてる女』ってやつね！　こういう女を男の映画屋たちがデッチ上げてきたのよ！」

映画のせいだけじゃない。男たちが「イケてる女」の実在を信じているのは、あまりに沢山の女たちがそれを演じてきたからだとエイミーは嘆く。「『イケてる女』は哀れだ。自分がなりたい女性ではなく、男たちが求める女のフリをしているのだから」と。

「私は違うわ。スポーツやビールは好きじゃないから」と安心する女性も多いだろうが、それは甘い。「イケてる女」は彼氏によって様々なバージョンがある、とエイミーは言う。

「彼氏がベジタリアンなら、グルテンミート（小麦に含まれる植物性タンパク質のかたまりを加工した食品）が好きで、犬に優しいのが『イケてる女』になるし、彼氏がサブカル系なら、タトゥーを入れた、マンガ好きのメガネっ娘《こ》が『イケてる女』になるのよ」

エイミーの言う「イケてる女」は趣味を共有してくれる友人であり、何をしても見守っていてくれる母親であり、どんな性的欲望にも応じてくれる娼婦、というか接客業者だ。独立した人格を持った「他者」ではない。『ゴーン・ガール』の夫ニックは、理想の妻だと思っていたエイミーが得体の知れない「他者」であることを知る。その他者と暮らすことの怖さを訴えるとエイミーにこう言われる。

「それが結婚というものよ」

映画『ゴーン・ガール』では、エイミーのモノローグに合わせて、フットボール好きの巨乳ちゃんや、タトゥー入りのメガネっ娘などの「イケてる女」が自動車を運転している姿を見せる。このシーンが「女性をバカにしている」とアメリカで女性批評家たちから批判を浴びた。フィンチャーは『ファイト・クラブ』で、本当は欲しくもないのに時流を気にしてオシャレな服や家具を買ってしまう男たちを批判していたから、ここでも、周囲に合わせているうちにそれが自分の欲望だとカン違いしてしまう女性を揶揄《やゆ》したのだろう。

でも、自分が本当に好きで『映画秘宝』を読んでくれている女性がいるんですよ。本当にすみませんでした。

第17章

愛について語るときに我々の語ること

What We Talk About When We Talk About Love

『バードマン あるいは（無知がもたらす予期せぬ奇跡）』

2014年、アメリカ

監督 アレハンドロ・ゴンサレス・イニャリトゥ

脚本 アレハンドロ・ゴンサレス・イニャリトゥ、ニコラス・ヒアコボーネ、アレクサンダー・ディネラリス・Jr、アルマンド・ボー

「お前はヒーローだ」

「どうしてこんなドツボにはまっちまったんだ?」

主人公リーガン・トムソンが白いブリーフ一丁で座禅を組んで宙に浮いている。……あ、宙に浮いている理由は後で。

場所はどこかの劇場の楽屋。トムソンはかつてハリウッド超大作映画『バードマン』の主演スターだったが、その後は鳴かず飛ばず。妻子にも逃げられた。それが六十歳を過ぎた今、自ら脚色・演出・主演するブロードウェイの舞台劇に再起を賭けている。

トムソンを演じるのはマイケル・キートン。彼自身も、ティム・バートン監督の『バットマン』(89年)で主人公ブルース・ウェイン/バットマンを演じた。

『バードマン あるいは(無知がもたらす予期せぬ奇跡)』(14年)の監督はアレハンドロ・ゴンサレス・イニャリトゥ。彼の映画はいつも暗い。『アモーレス・ペロス』(00年)では都市の最下層で貧しさにあえぐ若者が、金のために愛犬を闘犬に出す。『21グラム』(03年)では、交通事故で娘と夫を失った未亡人と、彼女の夫の心臓を移植されて生き延びた大学教授と、その夫をひき逃げした前科者の三つ巴の愛憎。『バベル』(06年)では、モロッコ旅行中の夫婦が子どものいたずらで銃撃され、妻は砂漠の真ん中で死に近づいていく。

『BIUTIFUL ビューティフル』（10年）では、バルセロナで貧しい移民を助けて暮らす男が末期がんを宣告される。重くて暗くて真面目で救いようのない話ばかりだ。ところが、この『バードマン』はイニャリトゥ初のコメディなのだ。

公演初日までの数日間はドタバタの連続。共演者のマイク（エドワード・ノートン）はナルシストで自分が目立つことしか考えていない。ベッド・シーンで相手役のレズリー（ナオミ・ワッツ）と本番に及ぼうとする。そんなバカとトムソンは取っ組み合いをしたり、パンツ一丁でタイムズスクエアの人混みを駆け抜けたり……。

この舞台はダメだ、と落ち込むトムソンを励ますのがバードマンだ。

「お前はヒーローだ。お前は飛べるんだ」

トムソンは宙に浮き、手を触れずに物を動かす。心の中だけで。バードマンも彼にしか見えない、オルター・エゴ（もうひとりの自分）だ。

「何かを作っているときは、『俺は天才だ！』という自信と『俺には才能がない』という自己不信が交互に襲ってくるものさ」とイニャリトゥは言う。

父と子の葛藤はイニャリトゥのテーマ

トムソンの舞台の演目は、レイモンド・カーヴァーの短編小説『愛について語るときに我々の語ること』をトムソン自ら戯曲化したもの。カーヴァーは日本では村上春樹によって紹介された純文学作家で、その作風はよくミニマリズムと評される。日常のほんの些細《ささい》な出来事や心の微妙な揺れを、決してドラマチックに盛り上げることなくリアルに描いていく。

この『愛について〜』も、二組の夫婦がキッチンテーブルでジンを飲みながら、ふたつの愛の形について会話しているだけ。愛する女性テリを虐待することが自分の愛の証だと思っていたDV男エドと、交通事故で瀕死《ひんし》の重傷を負った老夫婦の話。夫は全身をギプスで固められて首が動かせず、横に寝ているはずの愛妻の姿が見えないことを嘆く。それらの会話だけで小説は何事もなく終わる。クライマックスやオチはない。

「カーヴァーを舞台劇にするなんて、芝居について無知な者の選択だ」

イニャリトゥは説明している。

「バカげてるよ」

トムソンにとって、役者を目指したきっかけはカーヴァーだった。高校の演劇部の公演をたまたまカーヴァーが観て、トムソンに「誠実な演技だった」と書いた紙ナプキンをくれたからだ。トムソンはそれを五十年近く経った今でも持ち歩いている。紙ナプキン？　バーで酒を頼んだときについてくるやつだ。カーヴァーは父親譲りのアルコール依存症だった。

『バードマン』にも、イニャリトゥが追求してきたテーマが共通している。父と子の葛藤だ。『アモーレス・ペロス』ではホームレスの殺し屋が生き別れた娘を密かに見守る。『バベル』では母を亡くした聾唖《ろうあ》の娘（菊地凛子）と父（役所広司）がコミュニケーションできない。『BIUTIFUL ビューティフル』では末期がんを宣告された主人公がふたりの子どもを抱えて煩悶《はんもん》する。

トムソンには別れた妻との間に一人娘サム（エマ・ストーン）がいるが、麻薬に溺れてリハビリ中。トムソンは責任を感じ、娘との絆を取り戻そうとするが、厳しく断罪される。

「パパがこの芝居をやるのは、世間にとって重要な存在になりたいからでしょ。（中略）何様のつもり？　ブログを嫌って、ツイッターをバカにして、フェイスブックもやってない。それじゃ存在しないも同じよ。死ぬときに私たちに覚えていてもらいたいんでしょ。でもね、あんたなんかどうでもいいわ」

トムソンは舞台でDV男エドを演じ、自分を拒絶した女性が他の男とベッドにいる現場に乗り込み、愛を求めて叫ぶ。それは娘に拒絶されたトムソンの叫びでもある。

「俺にだってなりたいものがあった。俺のような人間にはなりたくなかった。君はもう……俺を愛してないのか？　愛することもないのか……。なら、俺は存在しないも同じだ。どうでもいいんだ」

『バードマン』では、このセリフがリハーサル、プレビュー、本番で三回繰り返される。『愛について～』にはないセリフだが、実はカーヴァーが死の直前に書いた詩「最後の断章（Late Fragment）」が基になっている。

そして、君は得られたのか？
この人生で求めたものを
私は手に入れたよ
君は何が欲しかった？
愛された者と呼ばれること
愛されたと感じること

この地上に生きて

この詩は妻テス・ギャラガーによってカーヴァーの墓に刻まれた。カーヴァーは「愛された者」になれた。トムソンは果たして……。

『バードマン』には「あるいは（無知がもたらす予期せぬ奇跡）」という副題がついている。イニャリトゥは「無知だからこそ、無茶なことに挑戦できる」と言う。だから、カーヴァーの短編を基にしたスーパー・ヒーロー・コメディでアカデミー賞受賞なんて奇跡だって起こるのだ。

第18章

「何があったの? シモンさん」

"What Happened, Miss Simone?"

『ニーナ・シモン　魂の歌』
2015年、アメリカ
監督 リズ・ガルバス

公民権運動のシンボルだったニーナ・シモン

２０１５年の第八十七回アカデミー賞では、『グローリー──明日への行進──』（エヴァ・デュヴァネイ監督、14年）が主題歌賞を受賞した。１９６５年、南部で奪われていた黒人の参政権を求めてマーティン・ルーサー・キング・ジュニア牧師らがアラバマ州セルマでデモ行進をして、警官隊に弾圧された史実の映画化だ。

主題歌「グローリー」の作詞・作曲および歌でオスカーを受けたジョン・レジェンドとコモンは、こうスピーチした。

「ニーナ・シモンは言いました。『自分たちが生きる時代を反映するのが芸術家の使命である』」

60年代、世界的な人気シンガーだったニーナ・シモン（１９３３〜２００３年）は、黒人同胞のために数々のプロテスト・ソングを歌う、公民権運動のシンボルだった。

全盛期のニーナ・シモンの活躍を筆者は世代的に知らない。初めてその歌声に触れたのは87年。『エイリアン』（79年）や『ブレードランナー』（82年）のリドリー・スコットが監督したシャネルN°5のCMだ。シモンの58年のデビュー・アルバムから「マイ・ベイビー・ジャスト・ケアズ・フォー・ミー」というラブ・ソングが使われていた。

では、その間、ニーナ・シモンは何をしていたのか？　彼女は突然、アメリカを去ってしまったのだ。当時のインタビューで、アフリカ系アメリカ人の女性詩人マヤ・アンゲロウはこう尋ねた。

「何があったの？　シモンさん」

その問いをそのままタイトルにしたドキュメンタリー映画『What Happened, Miss Simone？（邦題：ニーナ・シモン　魂の歌）』（リズ・ガルバス監督、15年）がアメリカで公開された。

ニーナ・シモンはノースカロライナの貧しい黒人家庭に生まれた。三歳の頃からピアノで賛美歌を弾き始め、黒人教会で黒人霊歌を弾いているうちに、白人のピアノ教師にその才能を見いだされ、クラシックのピアニストを目指すようになった。奨学金で名門ジュリアード音楽院に進むが、そこで道は断たれた。当時のクラシック界はアフリカ系を受け入れなかったのだ。

生活のため、酒場でピアノの弾き語りを始めた。リクエストに応じて何でも歌った。ジャズ、ブルース、黒人霊歌、後にはアフリカ民族音楽やロック、レゲエ、シャンソンも歌ったが、ピアノ・ソロがバッハ風だったりして、あらゆるジャンルを超越してニーナ・シモン独特の世界を作り出した。
その後、コンサートで世界を巡る大スターとなったシモンだが、アメリカ南部に行けば白人のホテルには泊まれない人種隔離が続いていた。63年6月には、ミシシッピ州で黒人と白人の共学化を求めた運動家メドガー・エヴァーズが白人至上主義者に暗殺され、続く9月、アラバマ州バーミングハムの黒人教会がＫＫＫ（クー・クラックス・クラン）に爆破され、四人の少女が殺された。シモンは怒りをこめて「ミシシッピ・ガッデム」という歌を発表し、早急な改革の必要を訴えた。

アラバマには腹が立つ
テネシーにはうんざり
みんな知ってる
ミシシッピは地獄に落ちろ

立ち上がる時が来た
その時が来たのよ

「そんなに急ぐな」という人もいる
「君の考えは狂ってる」
「どこに向かってるんだ」
そんなの知らないわ
ただ全力でやるだけよ

左翼の陰謀なんかじゃないわ
私たちは平等を求めてるだけ
兄弟姉妹、同胞、
そして自分のために

もたもたしてたら
この悲劇が続くだけ
共存なんかしなくていい
ただ平等をくれればいい

ニーナ・シモンは、この歌をセルマで歌った。キング牧師に対しては面と向かって「あなたは非暴力主義だけど、私は違うわ」と言ってのけた。「（人種平等のために）必要とあれば暴力も辞さない」というブラック・ムスリムへと傾倒したシモンは、「トゥ・ビー・ヤング・ギフテッド・アンド・ブラック」「バックラッシュ・ブルース」と、より過激な歌を作っていった。

その陰で彼女は、マネージャーの夫の長年の暴力に苦しんでいた。発見された彼女の手記によると、夫のＤＶに性的に依存する、一種の中毒に陥っていた。

私は生きている

68年、キング牧師が何者かに暗殺されるとシモンは「なぜ？（愛の王が死んだ）」とキング牧師への絶望に満ちた鎮魂歌を発表した。キング暗殺に絶望した黒人たちは全米各地で暴動を起こした。シモンはベトナム戦争への抗議として税金を払うのをやめた。

70年、シモンは夫に離婚届を叩きつけてアメリカを去り、カリブ海に黒人奴隷の子孫が建国した国バルバドスに渡った。

「もう疲れたの」

当時のインタビュー映像で彼女はつぶやく。

シモンはバルバドスからさらにアフリカのリベリアへと移住した。アメリカの黒人奴隷たちがアフリカに帰還して打ち立てた国だが、そこも安住の地ではなかった。シモンは荒れて、娘を虐待し続けた。娘は逃げ出して父親の元に帰った。

シモンはその後、スイス、イギリス、フランスと放浪を続けた。85年には隣人への銃撃事件を起こして、精神科医に双極性障害だと診断された。それが異常な行動の原因ではないかといわれる。しかし、何が彼女の精神を崩壊させたのか。夫のDVか。キング暗殺か。

87年、シャネルのCMで人気が再燃し、ニーナ・シモンはライブ活動を再開した。2003年に乳がんのためパリで亡くなった後も、CMや映画に彼女の歌が使われ続けている。なかでもデヴィッド・リンチ監督が『インランド・エンパイア』(06年)で、彼女の「シナーマン」を流して、コールガールたちを群舞させたエンディングは素晴らしかった。

『What Happened, Miss Simone?』には貴重なライブ映像の数々が収録されているが、圧巻は彼女がアメリカを捨てる直前の69年にニューヨークの黒人街、ハーレムで行われた野外ライブで、ミュージカル『ヘアー』の挿入歌「エイント・ガット・ノー」を歌うシーンだ。『ヘアー』では家を捨てたヒッピーの心情として歌われるが、シモンはこれを、奴隷にされて文化も家族も信仰さえも奪われた黒人たちの気持ちで歌った。それから半世紀近く経った今、この歌は、YouTubeで千五百万回以上の再生回数を誇り、多くの人々に視聴され、人種・国籍を超えて、世界中のすべての希望を失った人々を励まし続けている。

私は家がない　靴もない
お金はない　地位もない
ベッドもない　正気も失った

母もない　父もない
文化もない　友だちもない
学もない　愛さえ失った
名前もない
祈るべき神様もない

じゃあ、私には何があるの？
私はなんで生きてるの？
誰も私から奪えないものって？

私にはこの髪がある
頭がある
脳味噌もある
口もある
だから　微笑むこともできる
ハートもあるし　ソウルもある
気骨もあるし　性器もある
そう、私には命がある
私には自由がある

心がある
私は生きている！

第19章

愛と赦《ゆる》し

Love & Mercy

『ラブ&マーシー
終わらないメロディー』
2014年、アメリカ
監督 ビル・ポーラッド
脚本 オーレン・ムーヴァーマン、
マイケル・アラン・ラーナー

「犬しか食わない」実験音楽

優しい言葉の響きが聴こえる
風が彼女の香りを運んでくる
素敵なバイブレーションを感じる
彼女に興奮させられる
素敵なバイブレーション
なんて素敵なバイブレーション

ビーチ・ボーイズの名曲「グッド・バイブレーション」の「バイブレーション」は、「振動」という意味ではなくて、もっとスピリチュアルな、「精神的な電波」「霊感」みたいな意味だ。ビーチ・ボーイズのリーダーで作曲者のブライアン・ウィルソンが、「犬には人間が感じないバイブレーションを感じる能力がある」という話を聞いて、それが曲想の基になっている。

犬の話は、ビーチ・ボーイズの伝説的アルバム『ペット・サウンズ』（66年）のタイトルにもつながっている。ブライアンが作り上げたこの実験的なテープを聴いたバンドのメンバーが「こんな音楽、犬しか食わないよ」と言ったので、ブライアンは犬の声も録音した。

この『ペット・サウンズ』制作中にブライアンは精神を病み、その後、約二十年間、ほとんどベッドから出ず、ガウンも着替えずに自宅に引きこもっていた。2015年に公開された映画『ラブ&マーシー　終わらないメロディー』(ビル・ポーラッド監督)は、65年の『ペット・サウンズ』のレコーディングと、80年代のブライアンを並行させてブライアンを描く伝記映画だ。

驚くのは、65年の二十三歳のブライアンを演じるポール・ダノのそっくりぶり。もともと顔や舌足らずの話し方が似ているのだが、ダノは体型まで、甘い物中毒だったブライアンの肥満体をコピーし、ファルセットでピアノの弾き語りも披露する。

80年代の四十歳を過ぎたブライアンを演じるジョン・キューザックは容貌は似ていないが、精神を病んだブライアンのおかしな挙動、早口の話し方を再現しようとしている。

ビーチ・ボーイズは海辺の青春と恋を歌ったサーフ・ロックで大人気になるが、リーダーとして音楽的創造の中心にいたブライアン自身はサーフィンの経験もない、内向的で繊細な青年だった。ロック・スターの生活に適応できなくなったブライアンは、飛行機内でパニックを起こしてツアーから抜け、カリフォルニアに残ってひとり、ニュー・アルバムを作り始めた。それが『ペット・サウンズ』だ。

ブライアンはライバルだったビートルズのアルバム『ラバー・ソウル』(65年)と『リボルバー』(66年)に大変なショックを受けていた。それはもはやロックンロールを超えて、ジャズやクラシックの要素をも取り入れた「アート」だったからだ。それに対抗意識を燃やしたブライアンは、『ペット・サウンズ』でありとあらゆる実験を試みた。

クラシックの演奏家からジャズのスタジオ・ミュージシャン、電子楽器テルミンまで使って、ビーチ・ボーイズでは演奏不可能なサウンドを作ろうとした。楽器だけでなく、自転車のベルや自動車のクラクション、踏み切りの警報機、弦にヘアピンなどの異物を置いたグランドピアノも使った。ジョン・ケージを知らずにプリペアド・ピアノ(グランドピアノの弦にねじやボルト、ゴムなどを挟み込んで特殊な音色を出す手法)を思いついたのだ。

歌詞にはサーフィンや砂浜やスポーツカーは登場しなかった。「僕」から「きみ」への抽象的で哲学的で内省的で傷つきやすい、ブライアンの孤独を吐き出すような詞ばかりになった。たとえば「僕を信じて」では、「僕は自分がいるべきでない場所にいることはわかっているんだ」と歌い、「少しの間」の原題「Let's Go Away for Awhile(しばらくどこかに消えたいね)」には、ビーチ・ボーイズであることへの違和感が込められているようだ。

ふたりの父の支配

また「ザッツ・ノット・ミー」には、「僕はひとりでやれることを証明しなきゃならなかった。あれは僕じゃないんだ」と、自立についてアンビバレントな思いが歌われている。『ラブ&マーシー　終わらないメロディー』では、父親マーリーからの独立が描かれている。マーリーは元ミュージシャンで、破れた自分の夢をブライアンたち息子に託して、殴る蹴るで音楽を叩き込んだ。自分がマネージしたビーチ・ボーイズが成功すると、今度は息子たちに嫉妬して、罵倒し、口を出し続けた。ついにブライアンが怒って父を解雇すると、復讐《ふくしゅう》として父はビーチ・ボーイズの音楽著作権を勝手に売り払ってしまった。父への怒り、『ペット・サウンズ』に対する世間の無関心、ソロ・アルバムの発売中止などで、ブライアンの精神はとうとう崩壊していく。音楽的な霊感、次々と湧き出るメロディさえも、一種の幻聴としてブライアンを苛《さいな》む。

80年代のブライアンも、別の父親的存在の支配下にあった。精神科医のユージン・ランディだ。ランディは精神を病んだブライアンの生活のすべてを管理していた。ブライアンの資産までをマネージメントして、寄生していた。さらにブライアンとコラボでアルバムを出そうとした。ランディも元ミュージシャンで、向精神薬と言葉でブライアンを操って自分の夢をかなえようとしていたのだ。その牢獄からブライアンを助け出したのは、今の奥さんメリンダだった……。

ブライアンは音楽的天才だったが、その心は、弱肉強食の世界で生きるにはあまりに幼く、壊れやすかった。だから父やランディといった肉食獣の食い物にされてきた。『ラブ&マーシー』というタイトルは、妻メリンダに出会った頃にブライアンが作った曲名から取られている。当時、つまり80年代後半は、アーノルド・シュワルツェネッガーやシルヴェスター・スタローン、ブルース・ウィリスが悪党どもをマシンガンで殺しまくるアクション映画のブームだった。現実でも米ソ冷戦が続き、アメリカはグレナダに、ソ連はアフガニスタンに侵攻した。そんな映画やニュースを観たブライアンの少年のような心は何を思ったのか。

僕は汚い映画館に座っていた
組んだ手の上に顎《あご》を置いて

映画のなかの暴力を観ていると
僕らには勝ち目がないように思えた

愛と赦《ゆる》し　今宵、欲しいのはそれ
愛と赦し　今宵、あなたとあなたの友に

部屋で寝転がってたら
テレビでニュースが始まった
沢山の人たちが傷ついている
本当に怖かった

愛と赦し　今宵、欲しいのはそれ
愛と赦し　今宵、あなたとあなたの友に

第20章

人はいつも、
手に入らないものに
恋い焦《こ》がれるんですね

Do people always fall in love
with things they can't have?

『キャロル』

2015年、アメリカ／イギリス
監督　トッド・ヘインズ
脚本　フィリス・ナジー

『太陽がいっぱい』の原作者の自伝的小説

1950年代、クリスマスの買い物客でにぎわうニューヨーク。高級デパートのおもちゃ売り場で働く十九歳のテレーズ（ルーニー・マーラ）は、娘のためにプレゼントを買いに来た美しい人妻キャロル（ケイト・ブランシェット）を接客する。そのとき、ふたりは恋に落ちた。

『キャロル』（2015年）の監督はトッド・ヘインズ。『エデンより彼方に』（02年）に続いて50年代の禁じられた愛を描いている。『エデンより彼方に』は50年代のハリウッド製メロドラマのパスティーシュ（作風の模倣）だった。特にダグラス・サーク監督の『天はすべて許し給う』（55年）の設定や演出を完璧に模倣しているが、『エデンより彼方に』の夫が同性愛者だったと知って苦悩する人妻が黒人の庭師と恋に落ちるという内容は、50年代には絶対ありえないものだ。当時のハリウッド映画はヘイズ・コードという自主倫理規制に縛られており、同性愛や異人種間恋愛は、暗喩《メタファー》すら許されていなかった。50年代アメリカは、健全なアメリカン・ファミリーの幻想ですべての異質なものを封じ込めていた。だから『キャロル』は地下鉄の通気口のアップから始まる。同性愛は地下に隠されていた。ヘインズ監督自身はゲイであることを公言している。

『キャロル』の原作『The Price of Salt（よろこびの代償）』は、そんな52年にひっそりと出版され、密かに読み継がれて累計百万部を売ったという。当時もレズビアン小説はあったが、どれも男性読者向けのポルノ小説で、女性同士の恋愛の心理を真剣に描いた小説は他になかった。また、他のレズビアン小説の主人公は最後に同性愛が「治る」か、事故か病気か何かで死ぬと決まっていたが、『よろこびの代償』はそうではなかった。だが、著者クレア・モーガンの正体は長らく謎だった。

80年代に『よろこびの代償』は『キャロル』の題で、パトリシア・ハイスミスの著書として出版された。『見知らぬ乗客』（アルフレッド・ヒッチコック監督、51年）や『太陽がいっぱい』（ルネ・クレマン監督、60年）の原作で知られるミステリ作家ハイスミスは89年付のあとがきで、これが彼女自身の体験を基にした作品だと告白した。

１９４８年12月、デビュー長編『見知らぬ乗客』の出版を控えていたハイスミス（当時二十七歳）は、ニューヨークの高級デパート、ブルーミングデールズで売り子として働いていた。精神科の治療費を稼ぐためだった。

その二年前、彼女は銀行家の妻ヴァージニア・ケント・キャサーウッドと恋愛関係にあった。ヴァージニアは離婚調停中で子どもの親権を争っていたが、ハイスミスとのホテルでの密会を私立探偵に録音されて、そのテープが原因で親権を失った。ハイスミスは男性と婚約し、同性愛の「治療」のために精神科に通っていた。『エデンより彼方に』でも描かれるように、当時、同性愛は精神病とされていたのだ。

だが、ハイスミスは、ミンクのコートを着たブロンドの婦人キャサリン・センを接客し、恋に落ち、その晩、いっきに『キャロル』のあらすじを書き上げたという。

ハイスミスが『キャロル』の著者であることをカムアウトするよりはるか以前に、彼女の作品に隠された同性愛を指摘していた数少ない人物のひとりが淀川長治氏だ。

ハイスミス原作の映画『太陽がいっぱい』は貧しい青年トム（アラン・ドロン）が金持ちの青年フィリップ（モーリス・ロネ）を殺し、彼に成りすまして資産を奪う完全犯罪ミステリだが、公開当時から淀川氏は「実はトムはフィリップに恋しており、自分のものにならない彼を殺して、同一化する物語だ。フィリップの胸に突き立てられるトムのナイフはペニスの象徴だ」と指摘していた。作家の吉行淳之介はじめ、ほとんどの人々がそれを穿《うが》ち過ぎだと一笑に付したが、ハイスミスの死後、２００３年に彼女の日記を暴露した伝記『美しき影』が出版され、小説の中に隠された同性愛のメタファーがついに解き明かされた。

かたつむりの恋矢

ハイスミスは女性への愛を、男性が男性を愛する物語に転換しただけでなく、恋愛感情を殺意として表現した。『見知らぬ乗客』では、テニス選手にファンの男が交換殺人を持ちかける。男は自分を結婚させようとする父を憎み、テニス選手の妻を殺してしまう。ハイスミスがかたつむりの飼育と観察を趣味とした理由も今では理解できる。短編「かたつむり観察者」(70年)では、雌雄同体のかたつむりの交尾が緻密に描写されている。

> 彼は本能的に、いま自分の目の前に展開されているのは何か性的な行為なのだと見てとった。(中略)
> 小さな触手みたいな白みがかった棒が一方のかたつむりの耳から出て、もう一匹の耳へ弧を描きながら伸びていった。
>
> (パトリシア・ハイスミス著、小倉多加志訳「かたつむり観察者」『11の物語』ハヤカワ・ミステリ文庫)

その白い器官は唱歌「かたつむり」で「つのだせ　やりだせ　めだまだせ」と歌われる

「やり」のことで、正式には恋矢《れんし》という。爪や骨と同じくカルシウム製の硬い刃で、それを交尾の際に互いに突き刺す。刺されたかたつむりは卵を産むと弱って死んでいく。他の個体と交尾しないようにするのが目的らしい。つまり愛する者を独占するために殺す。淀川氏の主張は正しかったのだ。

愛を殺意へと歪めたのは時代の抑圧だろう。同性愛が病気とされていた時代、それを押し殺して結婚した人々は苦しんだ。キャロルのモデル、キャサリン・センは51年に自殺していた。ヴァージニア・ウルフの『ダロウェイ夫人』(25年)のように。ハイスミスに同性愛の手ほどきをしたヴァージニア・キャサーウッドもアルコール依存症で死亡している。ハイスミス自身は『キャロル』を書くことで自分を肯定し、婚約を解消して、一生、女性だけを愛した。

「人はいつも、手に入らないものに恋い焦《こ》がれるんですね」
「いつだってそうよ」キャロルも微笑した。
(パトリシア・ハイスミス著、柿沼瑛子訳『キャロル』河出文庫)

第21章

縄ない

Casadh an tSúgáin

『ブルックリン』
2015年、
アイルランド／イギリス／カナダ
監督 ジョン・クローリー
脚本 ニック・ホーンビィ

移民の街ブルックリン

「ハリウッドで、私の名前、Saoirseをちゃんと発音してくれる人は少なかったわ」

女優シアーシャ・ローナンはよく言っている。

シアーシャ（Saoirse）という名前はゲール語源。ケルト人の言葉だ。スコットランド、ウェールズ、そしてアイルランド人の源流である。ゲール語源のアイルランド語は大英帝国による植民地化で滅びかけたが、独立運動の中で復興が進んで、現在アイルランドでは義務教育の必修科目になっている。

シアーシャ・ローナンは映画『ブルックリン』（2015年）で、2016年のアカデミー賞主演女優賞にノミネートされた。彼女が演じるヒロイン、エイリシュは、1952年、アイルランド南東部の町エニスコーシーに住んでいる。女学校を出て、地元の食料品と日用雑貨店で働いていた。店長は金持ち客を優遇し、貧しい客をぞんざいに扱う嫌なやつだったが、辞めるわけにいかなかった。父を亡くし、老いた母親と体の弱い姉を養っていたからだ。当時のアイルランドはカトリック教会の支配により、女性に厳しく、職場は限られていた。将来の可能性も。

そんなエイリシュは、神父の推薦でアメリカに移住することになる。当時、アメリカは史上最高の好景気で、働き手が不足していた。ニューヨークの移民の街、ブルックリンでエイリシュの新しい生活が始まる。

原作は2009年に発表されたアイルランドの作家コルム・トビーンの小説。監督はアイルランド出身のジョン・クローリー。シアーシャ・ローナンの両親はエイリシュのようにアイルランドからニューヨークにやってきた移民だ。

『ブルックリン』は色彩が美しい。いつも画面のどこかにエメラルドのようなグリーンがある。グリーンはアイルランドのシンボルカラーだ。エイリシュもアメリカに着いてしばらくはいつもグリーンのコートに身を包んでいる。故郷を懐かしむように。グリーンのコートにエイリシュの真っ赤な髪が映える。赤毛もアイルランド系に多い特徴だ。

住まいはアイルランド系の独身女性専用の下宿。経営者のキーオ夫人（ジュリー・ウォルターズ）は口うるさくて信心深く、食卓ではGODという言葉すら畏《おそ》れ多いので禁句。下宿の先輩たちはいつもクスクス笑っていて、田舎者のエイリシュをバカにしているみたい。デパートの上司フォルティーニさん（ジェシカ・パレ）は都会的な洗練された女性。彼女に「もっと笑顔で接客しなさい」と注意されたエイリシュはおどおどと答える。

「ど、努力します」

「努力はどうでもいいわ。やるしかないの」

みんな冷たい。友だちもいない。接客中に涙がこぼれてしまう。シアーシャ・ローナンの派手さのない容貌がアイルランドの黒木華《はる》という感じでリアル。

一年経って、クリスマスがやってきた。エイリシュはアイルランド系教会の慈善ディナーを手伝う。年老いた、アイルランド系のホームレスの老人たちが食べ物と暖を求めて行列を作る。

神父は言う。

「彼らが来たのは五十年ほど前だ」

20世紀の初め、アイルランドの貧しい小作人たちは、仕事を求めてアメリカにやってきた。

「彼らはトンネルを造り、橋を、道路を、摩天楼を造った」

高層ビルが立ち並ぶ大都市ニューヨーク、アメリカの近代を築いたのは彼ら移民だった。

その後、アメリカという競争社会のハシゴを登っていった人もいるが、登り損ねた人は、年老いた今では力仕事もできず、故郷アイルランドにはもう帰る場所もなく、教会で施しを受けている。

そのうちのひとりが食事への感謝としてアイルランド語の歌を歌う。「Casadh an tSúgáin（縄ない）」という歌で、詩人W・B・イェイツがアイルランドの民話を基に書いた『赤毛のハンラハン物語』の中で紹介されている。娘を口説いている男に母親が、藁《わら》を使って縄をなうから、反対側の端っこを持っていてくれと頼む。男は言われたとおりにする。縄が長くなるにしたがって、男は彼女から遠ざかる。そして、ついにはドアの外に出てしまう。そこを見計らってドアをぴしゃりと閉めてしまう。「縄ない」という歌は、好きな女性に閉めだされた男の立場から歌われている。

この土地へ流れてきたのが、俺にとっては大災難だ
自分の村にいたならば、言い寄る娘たちはたくさんいたのに
ケンカに口論、根もない噂にこづかれて、今じゃ宿無し
（W・B・イェイツ著、栩木《とちぎ》伸明編訳『赤毛のハンラハンと葦間の風』より。平凡社）

アイルランド独特のファルセットを混ぜた歌声が悲しく響く。エイリシュの頬を涙がつたう。ここで彼女はホームシックのどん底を打って、浮上していく。

ディズニー・アニメにも描かれる移民社会

イタリア系のチャーミングなトニー（エモリー・コーエン）という彼氏もできた。下宿のおばさんも祝福してくれる。明るくなったエイリシュにデパートの上司は「彼、どうせイタリア人だから、話題は野球とママのことばかりでしょ」と言う。「いいえ」とエイリシュが返すと「そんなイタリア男は貴重だから大事にしなさい」と優しくアドバイスする。

意地悪なはずの下宿人たちもエイリシュにフォークとスプーンでスパゲティを食べるマナーを教えてくれる。当時、スパゲティはようやく一般的になり始めたばかりだった。1955年のディズニー・アニメ『わんわん物語』では、ヒロインのレディが野良犬トランプとのデートで初めてスパゲティを食べる。トランプは女たらしのイタリア男というステレオタイプだ。

『ブルックリン』の原作では、アイルランド人たちは同じカトリックでもイタリア人たちを享楽的だからと軽蔑している。ところがトニーの家を訪れたエイリシュは、八歳の弟から「アイルランド人は嫌いだ」と言われる。「みんな警官だろ」。それもステレオタイプだ。

2016年のディズニー・アニメ『ズートピア』は多種多様な動物が共生する街ズートピアを通して移民社会アメリカを表現している。『ズートピア』のヒロイン、アナウサギのジュディも最初、異民族ばかりの都会で孤独に苦しむが、キツネのニックと親しくなり「キツネはずるがしこい」というステレオタイプのイメージを乗り越える。そして多民族社会に溶け込んでいく。世界中の干し草からアメリカという縄がなわれるように。

第22章

アメリカ映画の詩《うた》が聴こえる

『眼下の敵』

1957年、アメリカ／西ドイツ
監督 ディック・パウエル
脚本 ウェンデル・メイズ

軍人の嗜《たしな》み、コールリッジの詩

そもそも詩なんか読むような柄じゃない。好きな映画に出てくるから気になっただけだ。

ガキの頃はミリタリー物のプラモデルに夢中で、戦争映画を片っ端から観ていた。なかでも『眼下の敵』（ディック・パウエル監督、1957年）という映画が大好きだった。第二次世界大戦中の南大西洋。マレル（ロバート・ミッチャム）が艦長を務めるアメリカの駆逐艦と、シュトルベルク艦長（クルト・ユルゲンス）率いるドイツの潜水艦Uボートとの対決を描いた戦争アクションだ。

Uボートは駆逐艦のソナーに発見されないよう海底に着床する。水圧が艦体を押し潰そうとするが、乗組員は物音ひとつ立てられない。水上にいる駆逐艦のハイドロフォン（水中聴音機）で聞かれてしまうからだ。駆逐艦のほうも、爆雷を外したら、魚雷を食らうことになる。やるかやられるかの神経戦が続く。

戦いをよそに、大海原は平和に凪《な》いでいる。

「描かれた絵のように動かない船、動かない海……」

駆逐艦の老船医（ラッセル・コリンズ）は詩の一節を暗唱する。

「いや、『老水夫行《ろうすいふこう》』を思い出してな」

それだけでマレル艦長は何かを悟ったような表情。

「老水夫行」って何？

調べてみると、「老水夫行」は１７９８年に発表された、英国のロマン派詩人サミュエル・テイラー・コールリッジのバラッド（物語詩）だった。親類の婚礼に向かう途中の若者を年老いた水夫が呼び止め、自分の体験を話し始める。昔、水夫は長い航海に出たが、途中で、飛んできたアホウドリを意味もなく石弓で殺してしまった。その後、船は赤道付近でまったくの凪《なぎ》に捕まって動けなくなる。乗組員は渇きのために次々と死んでいく。

「私が道に背くことをしたからだ！」

しかし水夫自身には呪いがかけられて、死ぬことすらできない。亡霊たちに苛《さいな》まれる生き地獄の果て、彼は、月光に体を光らせて跳ねる海蛇を見て、生命の美しさに初めて感動する。

「生きとし、生きるものに幸あれ！」

苦行は終わった。長い漂流で年老いた彼は若者に「人も、鳥も、獣も区別なく」愛するよう説いて詩は終わる。

なるほど！

『眼下の敵』の死闘はアメリカ側の勝利に終わり、Uボートは被弾し、沈み始める。するとマレル艦長らはドイツ兵たちを救出する。素晴らしいノーサイド精神！　老船医は『老水夫行』と言っただけだが、艦長にはそれがわかった。コールリッジの詩は士官学校を出たような軍人なら当然知っているべき嗜みなのだろう。

心地よい夜に穏やかに身を任せるな

詩は乙女チックな女子か気取ったインテリのもの、昔はそう思っていたが、偏見だった。アメリカ映画では、決戦に臨むとき、このうえなく男らしく勇ましいそのときに詩が朗々と歌い上げられることも多い。

たとえば『インデペンデンス・デイ』（ローランド・エメリッヒ監督、96年）。宇宙からの侵略者によってワシントン、ニューヨークなど世界の主要都市が一瞬で壊滅する。人類は残る航空機すべてを動員して、異星人の巨大戦艦に最後の総攻撃をかける。出撃前、生き残った世界の人々に対してアメリカ大統領がこう演説する。

「本日、7月4日はもはやアメリカだけの独立記念日ではない。世界が声をひとつにして宣言するのだ。『我々は穏やかに夜の中に消えていきはしない』と！」

これはウェールズ出身の詩人ディラン・トマスの有名すぎる詩「あの心地よい夜に穏やかに身を任せるな」のラフな引用だ。

あの心地よい夜に穏やかに身を任せるな
老いたる命こそ日暮れに燃え　荒ぶれ
怒れ　死にゆく光に抗《あらが》って怒れ

トマスが死の床にある父に向かって「生きてくれ！」という願いを込めて歌った詩だと言われている。おそらくアメリカ映画で最も多く引用されてきた詩だろう。

最近ではクリストファー・ノーラン監督の『インターステラー』（2014年）で使われていた。環境破壊によって滅亡の危機にある地球から脱出し、何光年もの彼方に移住先を求める科学者と宇宙飛行士たちを描くSF大作。しかし壮大な計画の途中で、リーダーである博士（マイケル・ケイン）の寿命は尽きてしまう。彼が最後に言い残すのは「心地よい夜に身を任せるな」。老いて死にゆく彼と、滅びつつある人類が重ねられている。

この詩は若者にも人気がある。「Rage, rage against…（怒れ！　怒れ！）」の件《くだ》りは特に燃えるので、ロックやヒップ・ホップ方面でも人気がある。『デンジャラス・マインド 卒業の日まで』（ジョン・N・スミス監督、95年）でも、これが荒《すさ》んだ若者たちの心を掴《つか》む。カリフォルニアの底辺高校の英語教師になった元海兵隊員ルアン・ジョンソン（ミシェル・ファイファー）の生徒たちは貧しいアフリカ系とメキシコ系で、ドラッグの売買や銃撃戦が日常。識字率が低く、教科書は一行も読めない始末。ルアンは苦心の末、ディラン・トマスの詩で生徒の心を掴む。最後に、生徒のひとりがギャングの抗争で殺され、学校を去ろうとするルアンに、生徒たちは涙ながらに訴える。「先生、怒れよ！『心地よい夜に身を任せるな！』」と。

自己と肉体を讃えるホイットマン

『デンジャラス・マインド』は『いまを生きる』（ピーター・ウィアー監督、89年）の現代版だ。

『いまを生きる』は脚本家トム・シュルマンの高校時代を基にしている。1959年、名門全寮制高校の新任英語教師ジョン・キーティング（ロビン・ウィリアムズ）は、最初の授業で詩の形式を論じた教科書を生徒に破らせ、韻や形式から自由だったウォルト・ホイットマンの詩「おお私よ、命よ」を暗唱する。

おお私よ　命よ
いつも浮かぶ疑問があるんだ
みんな嘘つきばっかり
どこに行ってもバカばっかり
こんな現実の何がいい？
私よ　命よ

お答えしよう
君がここにいることさ
生きて存在することさ
他の誰でもない君が
力強く続くこの演目に

君も詩を献じてみないか

ホイットマンは南北戦争時代のアメリカの詩人。貧しさゆえに小学校を中退し、働きながら本を読み、英語を勉強し、十九歳で新聞を創刊した、セルフメイド（自助努力）の男。アメリカ中を旅して、黒人や貧しい農民を讃えた。

端正な英国詩がクラシック音楽なら、土と汗に汚れたジーパン姿のホイットマンの詩はブルースやロックだ。独学だから形式なんかにこだわらない。自由で乱暴で猥雑で豪快。詩集『草の葉』の冒頭に掲げられた「おれ自身の歌」の最初の一行にホイットマンのすべてが凝縮されている。

おれはおれ自身を祝福し
おれ自身を歌う

ホイットマンは、神や歴史や英雄ではなく、いまを生きる人間を、個人を歌い、その自由と平等を守る民主主義を歌い、「おれにはアメリカが歌うのが聴こえる」と言い切った。

『いまを生きる』で「思いのままに生きろ！」と生徒を煽《あお》りまくるロビン・ウィリアムズはホイットマンの霊がとりついたかのようだ。楽天的で自信家で大げさで、鬱陶《うっとう》しいほど元気すぎるホイットマンはアメリカそのものだ。

アメリカ人にとってホイットマンがどんな存在なのか、『きみに読む物語』（ニック・カサヴェテス監督、04年）を観るとよくわかる。主人公ノア（ライアン・ゴズリング）は南部の田舎の製材所で働く無学な労働者だが、ホイットマンの詩を愛読している。ノアは、夏休みに別荘を訪れていた富豪の令嬢アリー（レイチェル・マクアダムス）と恋に落ちる。ノアはホイットマンの「Spontaneous Me（感情のままのおれ）」を朗読する。彼独特の自由気ままな詩の書き方についての詩だ。

美しい断片がしたたり落ちる
思いつくままのリスト
次から次に
気がつくたびに
酒に酔うたびに

ノア自身もホイットマンのように感情のままな青年で、観覧車からぶら下がったり、車道に寝転がったり、やんちゃな行動の数々でアリーをハラハラさせ、魅了する。
しかし時代は１９４０年。アリーの親は身分違いの愛を許さなかった。アリーは女子大に進み、ノアは第二次世界大戦に従軍する。女子大の教師は授業で「おれ自身の歌」からホイットマンが開き直る部分を引用する。

おれは矛盾してるかね？
まあいい　おれは矛盾してるのさ

それを聞いてアリーはノアを思い出すが、金持ちの御曹司と婚約してしまう。しかし、アリーと再会したノアは自分の願いを込めてホイットマンの「ソー・ロング」の一節をつぶやく。

ああ　君の指は僕を眠りに誘う

吐息が雫《しずく》のように僕にしたたる
君の鼓動は僕の耳には子守歌
全身が君に包まれているようで
うっとりするよ　最高に

率直すぎる言葉で肉体の歓びを歌ったホイットマンは当時、批難された。ノアとアリーはこの詩に導かれるように情熱的に結ばれる。

野球と詩人

ホイットマンの肉体主義はまるでスポーツのようだ。最もアメリカらしい詩人ホイットマンがニューヨークに住んでいた頃、最もアメリカらしいスポーツである野球がニューヨークで誕生した。もちろんホイットマンは野球をすぐに気に入り、友人のジャーナリスト、ホレス・トローベルにこう話している。

「野球はおれたちのスポーツ、アメリカのスポーツだ。おれたちの国民性につながっている。野球をやるために人々は表に出て、たっぷり酸素を吸って、いわゆる乱暴な慣習ってやつを楽しむ。……それでガッツを鍛えるのさ。下品で聖なるガッツをな！」

『さよならゲーム』（ロン・シェルトン監督、88年）は、この言葉を結末に詠み上げる、詩的な野球映画だ。

南部ノースカロライナ州ダーラム市に住むアニー（スーザン・サランドン）は地元の学校で詩を教える教師だが、野球が大好きで、毎年、地元のマイナー・リーグ・チーム「ダーラム・ブルズ」にやってくるルーキーのひとりを恋人にする。

「私と寝た男はみんなメジャーで名選手になるのよ」

監督のロン・シェルトン自身が野球選手としてマイナー・リーグにいた五年間の経験を基にして書いた脚本で、アニーとは野球グルーピーを意味するスラングらしい。

その年、アニーが目をつけたのは剛速球だがノーコンの投手エビー（ティム・ロビンス）。「肩は百万ドルだが脳みそは五セント」とバカにされるこの若造を、アニーはセックスを通して教育していく。笑っちゃうのは前戯としてベッドに縛り付けたエビーにホイットマンの詩を聞かせる場面。

おれは電撃的に肉体を歌う

……人間の肉体こそ神聖

キリスト教で罪の源とされてきた肉体こそをホイットマンは崇拝した。アニーは「私の信仰は野球」と言う。自宅は野球のコレクションで飾られた神殿のようだ。シェルトン監督は「アニーは野球という宗教の巫女《みこ》なんだよ」と言う。

アニーに野球の魂を吹き込まれたルーキーは立派なプロに成長してメジャーに旅立つ。ホイットマンの詩はその野球魂を象徴しているのだ。

エミリー・ディキンソンの影

アニーはこうも言う。

「私はルーキーにホイットマンとエミリー・ディキンソンの詩を読んで聞かせたいの」

ホイットマンとディキンソンは真逆の詩人だ。ホイットマンは「おれは肉体の詩人で魂の詩人」と歌った男らしさの塊だったが、ディキンソンは「私は肉体があるのが怖い／私は魂があるのが怖い」と歌った物静かな女性だった。

ホイットマンは全米を放浪し、声高に政治的発言を続けた行動的なカルチャー・ヒーローだった。ディキンソンは、1830年にボストンから120キロほど離れた田舎町アマーストに生まれ、そこからほとんど出なかった。生前に発表された詩はわずか十編、それも匿名。誰にも知られることなく、独身のまま実家に引きこもり、五十五歳の生涯を閉じたが、死後、箪笥《たんす》に隠された千七百編あまりの詩が発見された。

ディキンソンの詩は、想像の翼を大きく広げたかと思うと、すーっと引きこもる。幸福や成功への飢えと諦めの間で身悶《もだ》えする。たとえば映画『成功の甘き香り』（アレクサンダー・マッケンドリック監督、57年）のタイトルの基になった詩で彼女はこう言う。

成功の味は甘いと思うのは
成功の見込みのない人たち
成功の果実の味を知るには
痛いほどの渇きが必要なの

自意識という牢獄に閉じこもったディキンソンは、死後、偉人に祭り上げられた。彼女をヒロインにした『アマーストの美女』（ウィリアム・ルース）という戯曲も書かれたが、

『マルコヴィッチの穴』（スパイク・ジョーンズ監督、99年）では、巨大マリオネットで『アマースト《ママ》の美女』を演じるニュースがテレビで報じられる。クレーンで吊られた全長18メートルのディキンソンの人形が「私は無名」を朗読する。

有名になるなんて空しいわ
有名って　カエルみたい
自分の名前を　6月中
沼に向かって鳴いてるの

詩と正反対に世間の注目を求めているこのイベントを見た無名の操り人形師クレイグ（ジョン・キューザック）は、悔しそうに「自意識ってのは呪いだな」と吐き捨てる。この後、彼はハリウッド俳優のジョン・マルコヴィッチの脳内に入り込んで彼を操ることになる。

ホイットマンとディキンソン、躁と鬱、光と影。ふたりの詩人の対比をモチーフにした映画がある。『ソフィーの選択』（アラン・J・パクラ監督、82年）だ。

第二次世界大戦が終わって二年後、ニューヨークに、南部の若者スティンゴ（ピーター・マクニコル）がやって来る。働きながら作家を目指す彼は、家賃が安い対岸のブルックリンの下宿屋に入る。部屋のドアにホイットマンの詩集が挟まれている。それは同じ下宿に住む女性ソフィー（メリル・ストリープ）の恋人ネイサン（ケヴィン・クライン）の名刺代わりだった。

ネイサンはスポンティニアスそのもの。派手に陽気に元気に歌って踊って騒いでスティンゴを楽しませる。ホイットマンが「ブルックリン・フェリー横断」という詩に書いた場所に建つブルックリン橋の上で「ホイットマンやトマス・ウルフがここに立ち、アメリカを歌う言葉にたどり着いた。君もそうなるんだ！」とスティンゴを祝福する。

その一方でネイサンは突然、なんの脈絡もなく怒りを爆発させ、人を罵倒し、ものを壊し、殴りかかる。

ネイサンの虐待にソフィーはじっと耐えている。彼女はポーランドから移民してきたばかりで、移民向けの英語教室でエミリー・ディキンソンの詩を知る。

私は死のために止まれなかったので
死が優しく私のために止まってくれた

ソフィーは戦前のポーランドでタイピストとして父の反ユダヤ論を広めることに協力したが、ナチスはその父を殺し、ソフィーの夫も殺し、彼女と息子と娘はユダヤ人と一緒にアウシュヴィッツの絶滅収容所に送られる。ナチスの将校はソフィーに「息子か娘、どちらかひとりだけ生かしてドイツ人として育ててやるから選べ」と言う。ソフィーは息子を選び、娘は殺された。死にたいと思ったが生き延びてしまった彼女はディキンソンの詩に心を摑まれた。

ユダヤ人であるネイサンはソフィーの罪を責め続けるが、彼女は償いのように彼を愛し、そのふたりをスティンゴは愛する。南部の田舎から出てきてニューヨークで初めて移民たちの現実を知るスティンゴには『天使よ故郷を見よ』(29年)の著者トマス・ウルフの経歴が重ねられている。『ソフィーの選択』は、ホイットマンとディキンソンとウルフのトライアングル・ラブという米文学史的に壮絶な物語だったのだ。

ついにネイサンとソフィーは死を選ぶ。ふたりが固く抱き合ったまま眠るベッドには遺書の代わりにディキンソンの詩集が置かれていた。

このベッドを大きくして
畏《おそ》れでベッドを整えて
裁きが下るまでここで待つの
素晴らしく公正な裁きが

『いまを生きる』のキーティングに煽られた生徒も、夢と現実の間に挟まれて死を選び、キーティングは処分される。彼を見送る生徒たちはホイットマンの詩を歌う。ホイットマンが民主主義の夢を託したリンカーン大統領が暗殺されたとき、彼に捧げた詩を。

おお船長！　わが船長！　つらい旅は終わりました！

ホイットマンの化身のようなキーティングを演じたロビン・ウィリアムズは、スクリーンの上では躁病的に明るかったが、実は長年、重い鬱に苦しんでおり、２０１４年に自ら命を絶った。インターネットは彼の死を悼む「おお船長！」の言葉であふれた。
理想は何度も現実に敗れるが、それでもアメリカ映画はホイットマンを愛し続けてやまない。その不屈の理想主義こそアメリカ映画の魅力なのだから。『きみに読む物語』も、ノアとアリーの長い、長い愛の物語を、ホイットマンの詩「継続」で締めくくっていた。

何も失われたりしない
失われるはずがない
体は衰え
年老いて冷たくなり
若き日の炎は
残り火さえ去り
眼《まなこ》の輝きは陰ったが
必ずや再び燃え上がるのだ

あとがき

本書は季刊『ｋｏｔｏｂａ』に連載中のコラム「映画の台詞」を集めたものです。映画は何の予備知識もなく観ても楽しいものですが、観終わった後、心に引っかかったことを調べるとさらに楽しさが広がります。本書に収めた『グランド・ブダペスト・ホテル』や『ベルリン・天使の詩』、『ソフィーの選択』などは、その発想の原点にある、ツヴァイク、ベンヤミン、ディキンソンの作品と人生を知ってから観ると、まったく違う映画に変わります。

たぶん自分は映画そのものより、映画について調べる方がもっと好きなのかもしれません。ひとつのセリフや描写の背景にあるものを知ろうとすると、思わぬ人物や作品や歴史的事実が浮かび上がり、そこからまったく別の世界につながっていく瞬間がたまらないのです。

たとえば、ボブ・フォッシー監督の映画『キャバレー』（１９７２年）。原作は、英国人作家クリストファー・イシャーウッドが30年代のドイツでの生活を回顧した『さらばベルリン』で、映画版でマイケル・ヨークが演じるゲイの英国人は彼自身です。彼と愛し合うアメリカ人の歌手サリー（ライザ・ミネリ）も実在の女性ジーン・ロスがモデルで、やはりゲイのアメリカ人作家トルーマン・カポーティが、イシャーウッドとジーンの関係をニューヨークに置き換えて書いた小説が『ティファニーで朝食を』だったりします。映画化でジョージ・ペパードが演じた役は原作ではゲイとして描かれています。さらに戦後、アメリカで大学教授になったイシャーウッドが恋人を失った体験を書いた小説が『シングル・マン』で、コリン・ファース主演で映画になっています。監督はファッション・デザイナーでゲイの英国人トム・フォードでした。

こんな風に、何の関係もなさそうな3本の映画が本によってつながっていくわけです。こういう例は本当にきりがないので、しばらく連載のネタには困らないだろうと思います。

連載の担当、佐々木歌さんにはいつも原稿が遅くてご迷惑かけっぱなしで、本当にすみません。本書を企画してくれた松政治仁さんと併せて、この場で感謝いたします。

２０１６年11月

町山智浩

本書は、集英社クオータリー『ｋｏｔｏｂａ』の連載「映画の台詞」（二〇一〇年秋号〜二〇一六年夏号）および、『ｋｏｔｏｂａ』二〇一六年春号の特集に掲載した原稿を加筆・修正したものです。

写真提供／アマナイメージズ

ＪＡＳＲＡＣ　出　１６１１９６８－６０１

町山智浩《まちやまともひろ》

映画評論家。一九六二年、東京都生まれ。早稲田大学法学部卒業。『宝島』『別冊宝島』などの編集を経て、九五年に雑誌『映画秘宝』（洋泉社）創刊。アメリカ・カリフォルニア州バークレー在住。主な著書に『最も危険なアメリカ映画』（集英社インターナショナル）、『トラウマ映画館』『トラウマ恋愛映画入門』（集英社文庫）、『さらば白人国家アメリカ』（講談社）など。公式ブログ「映画評論家町山智浩アメリカ日記」http://d.hatena.ne.jp/TomoMachi/

映画《えいが》と本《ほん》の意外《いがい》な関係《かんけい》！

インターナショナル新書〇〇五

二〇一七年一月一七日 第一刷発行

著者 町山智浩《まちやまともひろ》
発行者 椛島良介
発行所 株式会社 集英社インターナショナル
〒一〇一-〇〇六四 東京都千代田区猿楽町一-五-一八
電話 〇三-五二一一-二六三〇
発売所 株式会社 集英社
〒一〇一-八〇五〇 東京都千代田区一ツ橋二-五-一〇
電話 〇三-三二三〇-六〇八〇（読者係）
〇三-三二三〇-六三九三（販売部）書店専用
装幀 アルビレオ
印刷所 大日本印刷株式会社
製本所 加藤製本株式会社

 Printed in Japan ISBN978-4-7976-8005-8 C0274
定価はカバーに表示してあります。

インターナショナル新書

001
知の仕事術
池澤夏樹

多忙な作家が仕事のノウハウを初公開。自分の中に知的な見取り図を作るために必要な情報、知識、思想をいかに獲得し、日々更新していくか。反知性主義に対抗し、現代を知力で生きていくスキルを伝える。

002
進化論の最前線
池田清彦

ダーウィンの進化論に異を唱えたファーブル。ネオダーウィニストたちはいまだファーブルの批判を論破できていない。現代進化論の問題点を明らかにし、iPS細胞やゲノム編集など最先端の研究を解説する。

003
大人のお作法
岩下尚史

芸者遊び、歌舞伎観劇、男の身だしなみ——大事なのは身銭を切ること。知識の披露はみっともない。『芸者論』(和辻哲郎文化賞)の作家が、「子ども顔」の男たちにまっとうな大人になる作法を伝授する。

004
生命科学の静かなる革命
福岡伸一

二五人のノーベル賞受賞者を輩出したロックフェラー大学。客員教授である著者が受賞者らと対談、生命科学の道のりを辿り、その本質に迫った。『生物と無生物のあいだ』執筆後の新発見についても綴る。